智慧商业
创新型人才培养系列教材

陈建新 凌洁 倪莉莉 ◎ 主编

U0742538

商务数据

采集与处理

NEWS

人民邮电出版社

北 京

图书在版编目（CIP）数据

商务数据采集与处理 / 陈建新，凌洁，倪莉莉主编
. —— 北京 ：人民邮电出版社，2022.1
智慧商业创新型人才培养系列教材
ISBN 978-7-115-57187-8

Ⅰ．①商… Ⅱ．①陈… ②凌… ③倪… Ⅲ．①商务工
作－数据采集－教材 Ⅳ．①F715

中国版本图书馆CIP数据核字(2021)第167650号

内 容 提 要

本书以培养学生的商务数据采集技能为目标，针对数据基础、数据采集工具和方法、数据处理三个方面的内容进行讲解。

本书采用项目式教学，以"典型工作任务"为导向，围绕"任务思考"展开知识介绍。全书共 7个项目，包括初识商务数据、初识数据采集、初识数据采集工具、网络调查数据采集、数据库数据采集、采集器数据采集和数据处理。通过学习和训练，学生不仅能够了解数据采集的意义，而且能够掌握多种数据采集的方法，并能有效地完成数据的预处理工作。

本书可作为应用型本科、高等职业院校财经商贸类专业数据采集与处理等相关课程的教材，也可供有关从业人员和对数据采集与处理感兴趣的读者学习参考。

◆ 主　　编　陈建新　凌　洁　倪莉莉
　　责任编辑　刘　尉
　　责任印制　王　郁　焦志炜

◆ 人民邮电出版社出版发行　　北京市丰台区成寿寺路 11 号
　　邮编　100164　　电子邮件　315@ptpress.com.cn
　　网址　https://www.ptpress.com.cn
　　固安县铭成印刷有限公司印刷

◆ 开本：787×1092　1/16
　　印张：10.75　　　　　　　　　　2022 年 1 月第 1 版
　　字数：259 千字　　　　　　　　2025 年 1 月河北第 6 次印刷

定价：39.80 元

读者服务热线：(010)81055256　印装质量热线：(010)81055316
反盗版热线：(010)81055315
广告经营许可证：京东市监广登字 20170147 号

前言
PREFACE

随着大数据时代的到来，信息技术与经济社会的融合引发了数据量的迅猛增长，数据的潜在价值不断提升，这就对数据分析人员的数据处理能力，尤其是海量数据的处理、挖掘及分析能力提出了更高的要求。商务数据采集与处理是商务数据分析人员必备的基本技能，也是商务数据分析与应用专业的一门专业核心课程。本书以培养学生的商务数据采集技能为目标，详细介绍了数据采集的概念、工具、方法和数据处理等内容。

本书内容分为三部分，包含7个项目，第一部分包括"初识商务数据""初识数据采集"和"初识数据采集工具"，主要介绍了商务数据的基本概念、商务数据采集的意义、常用工具和方法，帮助学生更加直观地认识商务数据采集，合理选择数据采集工具，规划数据采集方案。第二部分包括"网络调查数据采集""数据库数据采集"和"采集器数据采集"，具体介绍了三种商务数据采集的常用方法，并结合实际案例进行讲解，帮助学生理论联系实际，加深学生对知识的理解与应用。第三部分为"数据处理"，主要介绍如何对采集的数据进行清洗和整理，为数据分析环节做好准备。本书力求体现新知识、新技术，教学内容与专业人才培养方案相融合，注重理论和实践的结合，典型工作任务与时俱进，旨在调动学生的学习兴趣。

本书的建议教学课时为64课时，各项目的参考教学课时如下表所示。

项　目	课程内容	课　时
项目一	初识商务数据	6
项目二	初识数据采集	6
项目三	初识数据采集工具	6
项目四	网络调查数据采集	8
项目五	数据库数据采集	14
项目六	采集器数据采集	16
项目七	数据处理	8
课时总计		64

本书由陈建新、凌洁、倪莉莉任主编。具体编写分工如下：陈建新编写了项目四、项目五，凌洁编写了项目一、项目六和项目七，倪莉莉编写了项目二和项目三，刘玉林编写了项目一"任务一　认识数据"中的"四、数据集"部分。

由于编者水平和经验有限，书中难免有疏漏之处，恳请读者批评指正。

编　者
2021年12月

目录
CONTENTS

项目 一

初识商务数据

职业能力目标

认识商务数据是学习商务数据采集与处理课程的第一步。通过项目一的学习，读者可以充分了解商务数据的来源与应用，在之后的商务数据采集工作中，能够根据不同的需求，采集有价值的数据，并能结合数据的特征，完成数据的统计、评估与分析工作，编制数据报表。

任务一 认识数据

【典型工作任务】

随着电子商务的快速发展，网上购物已经成为人们日常的行为方式。无论是衣服，还是电子产品，人们都能在网上进行购买。

如今，网上购物也被商家整出了各种样式，抢购预约等饥饿营销手段成了商家常用的策略，手机商家也不例外。一些品牌手机，一旦发布新品，各种科技热文、发布会预约入口滚滚而来，用户都迫不及待地想要加入预约的大队伍，如图1-1所示。

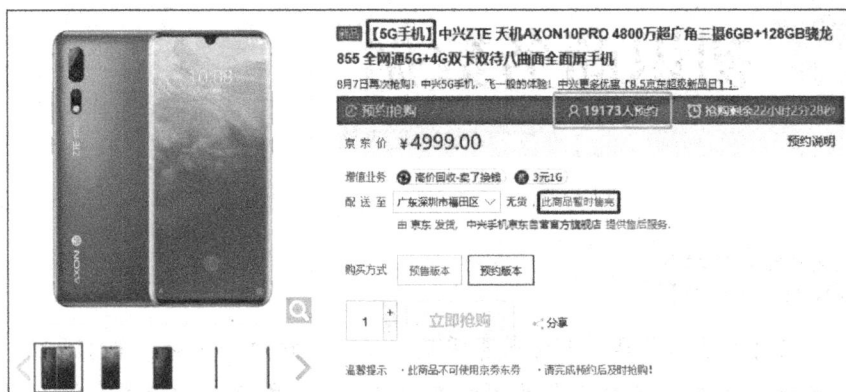

图1-1　手机抢购预约界面

【任务思考】

看着那几万、几十万的预约数，可以思考一下，这些新手机真的这么受欢迎吗？界面显示的手机预约数真实可信吗？这些预约数又是从何而来呢？

一、什么是数据

数据很枯燥吗？大多数人的回答是肯定的，人们总是习惯把数据和数学联系在一起，觉得数据又抽象又难懂。

然而，数据其实很具体，有时候就像小说里的文字一般生动形象，应用在日常生活的各个领域。例如，我们去电影院看电影前喜欢先看网上的评分（见图1-2），购买商品时将各个平台的价格进行对比，查看旅行攻略中涉及的各种路线所需的时间和花费，每天都很关注天气预报（见图1-3）等。因此，我们大多数人都对数据产生过兴趣，又在日常生活中接触过数据，怎么能说数据是枯燥的呢？

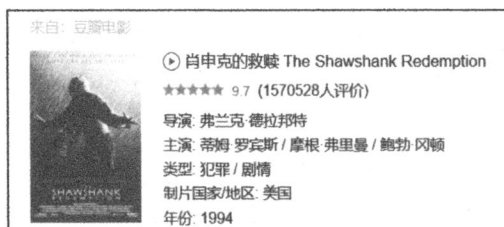

图1-2　豆瓣电影评分

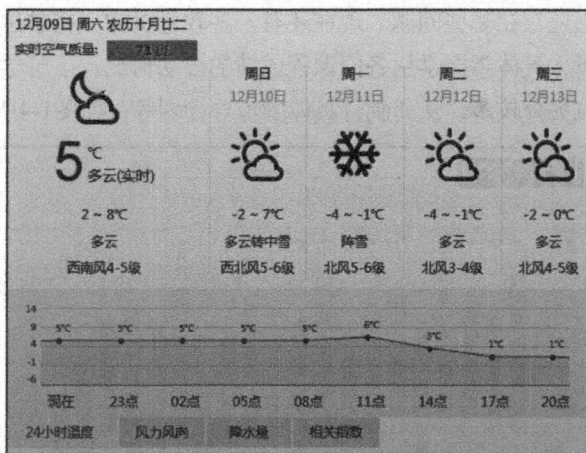

图1-3　天气预报数据

那么，什么是数据？

数据是对客观事件进行记录并可以鉴别的符号，是对客观事物的性质、状态以及相互关系等进行记载的符号或这些符号的组合。

它不仅指狭义上的数字，还可以是具有一定意义的文字、字母、数字符号的组合、图形、图像、视频、音频等。例如，"0、1、2……""阴、雨、下降、气温""学生的档案记录"等都是数据。也就是说，数据不是单纯地指各种Excel表格和数据库，图片、视频、报表、短信等也属于数据的范畴，如通过搜索引擎所做的图片识别、音频识别等都是数据的表现形式。

二、数据的作用

数据来源于生活中的各个场景，分析数据得到的结论往往能够用于指导实际工作，这就是数据的作用。

（一）数据使问题更加客观和准确

和文字相比，数据显得更加客观和准确。因为使用文字在描述一个问题时，不需要经过仔细测量，只要有一个大概的表述即可，并且文字是可以经过修饰的。例如，在说天气时，可以说"明天温度很高"。但是，温度到底有多高呢？温度高是怎样的一个衡量标准呢？对于这个疑惑，我们无法从这句话里得到答案。

但是，数据往往是独一无二的。无论数据有多少，它是客观的，并且不用任何修饰，随便加一个零或者移动一个小数点，数据就不对了。例如，小明在聊工资时提到"我的工资为每月8321元"，不同的人听到这句话后都能准确地掌握这个信息。而对于每月8321元属于什么水平的工资，不同的人，主观感受也会有所不同。如果直接用文字"我的工资很高或我的工资很低"来描述，就不太准确。

（二）数据能够提供更多的反馈信息

无论个人还是企业，在自身努力的同时，都需要更多的反馈信息帮助他们提高自身的价值。既然反馈如此重要，那么反馈又从何而来呢？反馈的一个十分重要的来源就是数据，通过数据得到的反馈是科学客观的。

例如，家长们很在意孩子的学习成绩，那么他们就可以通过认真分析孩子每次考试的成绩，发现孩子在学习上还存在哪些问题。现在还有一些教育机构，将学生的各科成绩和总分进行一个详细的数据分析，具体掌握学生各门课程成绩的波动情况，了解学生近期的学习状态，分析学生在哪个知识点失分较多，从而制订具体的辅导计划等，如图1-4所示。

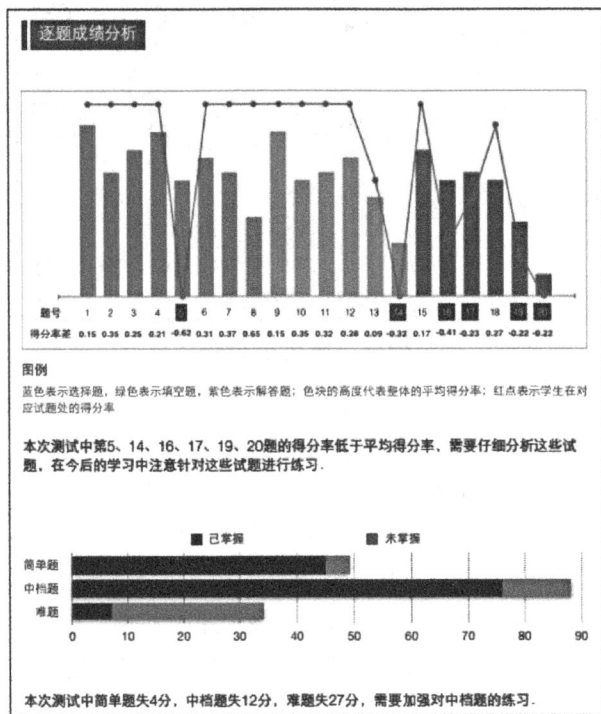

图1-4　学生成绩分析

（三）数据能让观点更有吸引力

数据并不像看上去的那样枯燥，数据使用到位反而可以作为一件"利器"说服或者吸引别人。无论是什么样的形式，凡是观点中需要论据的地方，我们都可以引入数据，从而获得文字所不能达到的效果。

在阅读微信重点文章时往往能够发现，作者想要让自己的文章标题更有吸引力，很多时候就是用数据说话，而避开了模糊的描述性语言。例如《价值3000元和价值30000元文案的区别》是微信上的一篇热门文章，这篇文章的标题就用数据来吸引读者，并且3000和30000这两个数据之间形成了强烈的对比，从而激发用户点击阅读的欲望。类似的例子还有很多，如图1-5所示。

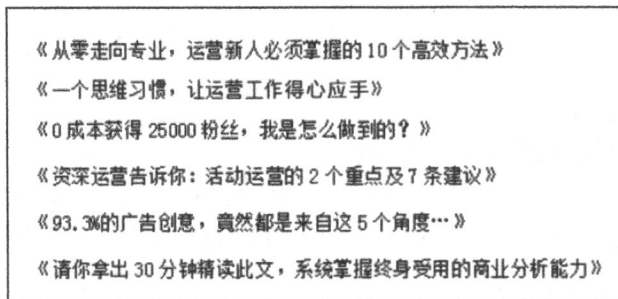

图1-5　数据让标题更有吸引力

三、数据类型

只有正确认知数据类型，才能根据不同的数据类型采用不同的方法，进行合理和有效的处理。如果对数据类型认知不清，就无法选择分析方法，甚至在一些时候利用已有的分析方法生搬硬套去处理数据，这样只会得出错误的结论，给电商数据化决策带来严重的问题。

（一）数据按照来源可以分为一手数据和二手数据

一手数据又称为原始数据，是指通过访谈、询问、问卷、测定等方式直截了当获得的数据，我们可以通过收集一手数据解决特定的问题。

我们日常生活中使用的大部分数据是二手数据，它是相对于一手数据而言的，是指那些并非为正在进行的研究而是为其他目的已经收集好的统计资料，也就是经过他人使用传播到我们这里的数据。例如，图书中的统计资料、报纸上的招聘广告等，这些都是典型的二手数据。

一手数据的优点：一手数据可以回答二手数据不能回答的具体问题；一手数据更加及时和可信；一手数据是公司或个人收集的，是属于公司或个人的，所以便于保密。

二手数据的优点：通常情况下，它较容易获得；相比原始数据，它的收集成本要低许多；它能被快速获取，省事、省钱和省时。所以在可能的情况下，研究者总是优先考虑使用二手数据解决问题。

但和一手数据相比，二手数据存在相关性差、时效性差和可靠性低的缺点。

对于一手数据或二手数据，我们又该如何去获取呢？

一手数据通常是根据自己的调查目的来进行收集的，我们可以采用实地调查法进行收集，如访问调查法、现场调查法、实验调查法等；或者采用网络调查法，如利用互联网进行网络问卷调查等方式搜集市场信息。

二手数据的获取来源更加广泛，如图书、报纸、电视以及互联网。如今，互联网已经成为获取二手数据的最重要来源，互联网让二手数据的传播更加顺畅，让二手数据的获取更加简单。

根据二手数据的来源，可将其分为内部二手数据和外部二手数据。

内部二手数据是指来自人们正为之进行市场研究的企业或组织内部的数据。如果它们是基于其他一些目的而收集的，就是内部二手数据。内部二手数据包括会计账目、销售记录和其他各类报告等，又可分为直接可用的数据和需要进一步整理才能使用的数据。

外部二手数据是指从外部获得的二手数据。这里把外部二手数据分成三个来源：由政府数据和普通商业数据所组成的公开资料、计算机数据库和辛迪加数据（一种具有高度专业化，从一般数据库中所获得的外部次级资料）。

（二）数据按照计量层次可以分为分类数据、顺序数据和数值型数据

分类数据：只能归于某一类别的非数字型数据，是对事物进行分类的结果。

例如，商场将用户喜爱的服装颜色分为红色、白色、黄色等，红色、白色、黄色即为分类数据。又如，人类按性别分为男性和女性，男性和女性也属于分类数据。虽然分类数据表现为类别，但为了便于统计处理，可以对不同的类别采用不同的数字或编码来表示，如1表示女性，2表示男性，但这些数码并不代表这些数字可以区分大小或进行数学运算。不论用何种编码，其所包含的信息都没有任何损失。

顺序数据：只能归于某一有序类别的非数字型数据，顺序数据虽然也有类别，但是这些类别是有序的。也就是说，顺序数据与分类数据最主要的区别是顺序数据之间是可以排序的。例如，人的受教育程度就属于顺序数据，我们可以用数字编码表示不同的类别，小学表示为1，初中表示为2，高中表示为3，大学表示为4，硕士表示为5，博士表示为6。通过将编码进行排序，可以明显地显示出受教育程度之间的高低差异。虽然这种差异程度不能通过编码之间的差异进行准确的度量，但是可以确定其高低顺序，即可以通过编码数值进行不等式的运算。

数值型数据：按数字尺度测量的观测值，其结果表现为具体的数值。如收入300元、年龄3岁、考试分数100分、质量3千克等，这些数值就是数值型数据。对于数值型数据，我们可以直接用算术方法进行汇总和分析；而对于其他类型的数据，则需采用特殊方法来处理。

四、数据集

数据集是数据的集合，通常以表格形式出现，每一列代表一个特定变量，每一行对应某一对象的数据集。图1-6所示为“××车品专营店车载充电器7月部分数据”。这就是一个数据集，列分别代表序号、品牌名称、产品类别、标题（店铺名称）、月成交、字段5（总评价）、价格，行代表不同产品的数据，共有15款产品的数据。

H16

	A	B	C	D	E	F	G
1	序号	品牌名称	产品类别	标题	月成交	字段5	价格
2	1	舜威汽车一拖三点烟器一拖二带双USB车充一分二多功能车载充电器	1	××车品专营店	4266笔	3.7万	¥27.00
3	2	英才星车载充电器 杯式车充双USB手机 点烟器一拖三 一分二带开关	2	××车品专营店	2177笔	4911	¥75.00
4	3	韩国现代一拖三点烟器一拖二双USB手机车载充电器汽车电源带开关	2	××车品专营店	330笔	636	¥22.00
5	4	现代车载充电器一分二汽车手机充电一拖二点烟器双USB 车充电源	3	××车品专营店	118笔	105	¥18.80
6	5	爱兰杯架式蓝牙车载充电器三USB手机一拖二点烟器车载MP3免提车充	1	××车品专营店	266笔	112	¥98.00
7	6	韩国现代一拖二双USB 手机车载充电器汽车车充一分二点烟器车用	2	××车品专营店	39笔	88	¥39.00
8	7	舜威汽车载点烟器一拖二 一分二车充 多角度车载充电器1905	1	××车品专营店	159笔	480	¥19.00
9	8	舜威汽车车充带开关 一拖三点烟器双USB一拖二手机车载充电器电源	3	××车品专营店	42笔	70	¥59.00
10	9	先科手机车载充电器汽车一拖二一分三点烟器 带开关智能车充杯	1	××车品专营店	39笔	964	¥79.00
11	10	先科一拖二双USB手机车载充电器一分二点烟器电源通用带电压显示	2	××车品专营店	22笔	22	¥49.00
12	11	先科汽车用带开关点烟器一拖三 一分三车充带USB多功能车载充电器	2	××车品专营店	79笔	1542	¥26.00
13	12	英才星 车载充电器一分三 12V24V通用车充汽车点烟器 多功能车充	3	××车品专营店	5笔	15	¥39.00
14	13	英才星杯式车载充电器一拖二点烟器多功能双USB手机支架车充	1	××车品专营店	54笔	29	¥68.00
15	14	英才星车载充电器3USB 智能通用一分三手机车充头汽车一拖三点烟器	2	××车品专营店	34笔	12	¥45.00
16	15	现代车充汽车用一拖三车载点烟器 带USB带开关充电器蓝牙MP3播放	1	××车品专营店	23笔	6	¥98.00

图1-6　××车品专营店车载充电器7月部分数据

（一）数据集的一般特性

学习数据集时，初学者必须了解数据集3个重要的特性，即维度、稀疏性和分辨率。

1．维度

数据集的维度与数学空间的维度有所不同，具体指数据集中对象具有的属性数目。图1-6中每个产品对象共有序号、品牌名称、产品类别、标题（店铺名称）、月成交、字段5（总评价）、价格等属性特征，故该数据集维度为7。

数据集的维度可以是高维度、中维度和低维度。对于高维度而言，信息量充分，但有时候会陷入“维灾难”，即维度太多导致现有分析和计算方法失效；对于低维度而言，分析单消息量过少往往导致信息不足。因此，电商数据化决策应根据研究需要，选择合适的维度。

2．稀疏性

数据集的稀疏性是指一个对象属性上的数据值为“0”的数量。在实际分析中，因为只有非零值才需要存储和处理，因此除“0”之外的其他数据成为关键。“0”的大量出现会导致数据稀疏，分析过程可能会简单，但是结论会缺乏数据支持。

3. 分辨率

数据集的分辨率往往是指在不同的角度下看待数据的性质。如果分辨率太高，大多数情况下只能看到个体而忽视群体；如果分辨率太低，能看清群体但个人信息显示不足。例如，××车品专营店在数据采集时以"车载充电器"为关键词搜索，可以采集销售"车载充电器"的店铺的名称、品牌和在售产品数，这往往是以全网页店铺抓取为主的，分辨率高，我们能看清所有店铺的状况，但对具体店铺产品的价格、销量和用户评价缺乏了解，如图1-7所示。

图1-7 以某店铺为主的低分辨率抓取界面

此时，进入某店铺进行高分辨率抓取，了解该店铺的具体情况，如图1-8所示。

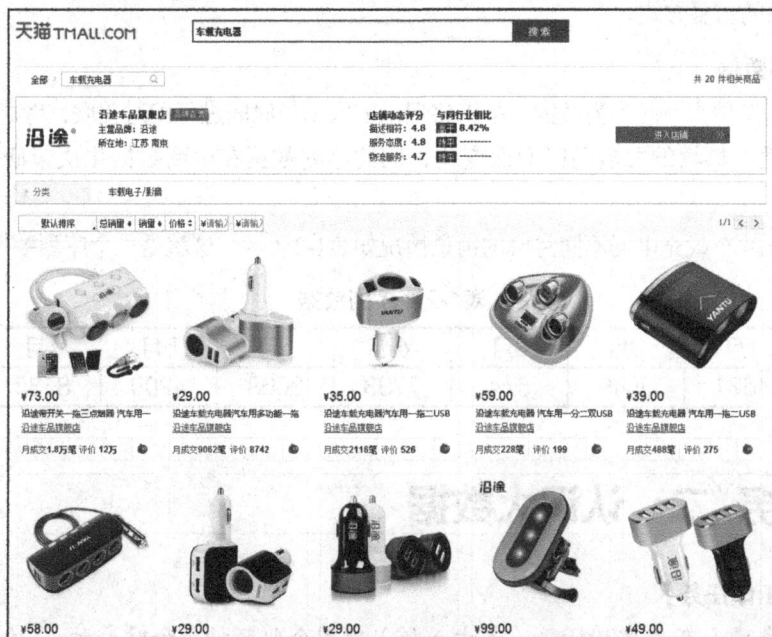

图1-8 以某店铺全部产品为主的高分辨率抓取界面

（二）电商数据集的记录方式

电商数据集是数据对象的汇集，每个数据集通常由一些属性和个体数据组成。电商数据集常见的记录方式包括数据矩阵、购物篮数据和序列数据等。

1．数据矩阵

数据矩阵往往是指由行和列组成的数据集合。每列代表一个属性特征，每行是一个个案，总体来看，类似于 $m \times n$ 矩阵，故此类型数据集叫作数据矩阵。图1-6所示的"××车品专营店车载充电器7月部分数据"就是一种典型的数据矩阵记录方式，行代表每个产品的个案数据，列代表产品的记录属性。

电商数据集中存在大量的数据矩阵，而且这些数据矩阵中含有电商商业价值开发的诸多信息，是数据化决策分析的主要对象。

2．购物篮数据

购物篮数据又称为事务数据，是一种特殊类型的记录方式。其中每个记录中含有一系列项，其特点类似于超市购物清单。例如，用户在超市购买牛奶、纸尿裤、饼干、啤酒等，那么它的记录方式如表1-1所示。

表1-1　购物篮数据

单号	物品
1	牛奶、纸尿裤、饼干、啤酒
2	纸尿裤、饼干、啤酒
…	纸尿裤、饼干、啤酒、花生

商家可根据购物篮数据中物品的出现次数和出现情况，结合关联的规则，探寻消费的关联性。例如，著名的"啤酒和纸尿裤"案例就是通过购物篮数据获得的，这也成为亚马逊推荐图书或其他产品的重要方式。

3．序列数据

序列数据又称为时间序列数据，是指将记录的数据与时间进行配对关联，考虑多数事物的数据的时间性。事物的发展随时间而变化，因此序列数据在电商数据化决策研究中是重中之重。

例如，某款车载充电器不同月份的销量情况如表1-2所示，这就是一个序列数据。

表1-2　序列数据　　　　　　　　　　　　　　　　　单位：件

月份	1月	2月	3月	4月	5月	6月	7月	8月
销量	4621	3549	674	7793	3068	4209	8135	3319

任务二 认识大数据

【典型工作任务】

当当网负责人在出席2019年（第十八届）中国企业领袖年会时表示："2019年是当当网加强用数据、智能驱动发展的一年。当当网就是'天然'的大数据公司，扩大科学追求是合理和持续发展的保障。"

当当网在搜索、AI运用上，扩大深度学习模型的覆盖范围，针对阅读场景多的特点，从多个方面优化模型，如正负样本选取规则、无效数据的参数计算、相关性反馈的结构设置、低转化词和高跳出词的等价变换等。这些功能显著提高了搜索系统的精准性，使用户体验大大提升，更方便用户快速筛选一本书。

基于算法学习的搜索和推荐，当当网能够系统性学习用户行为，了解其潜在意图，为用户展示强相关、弱相关的多种陈列和可能，帮助用户在海量信息和商品中简化选择的过程。当当网的工程师从数据、用户心理、其他行业经验中，揣摩哪种布局对用户更友好、更简洁。

另外，当当网对中台、后台、生产的研发投入逐年增加。据介绍，在促销期间的某个时段，当当网用户购买的平均数高于中位数。当当网通过机器学习，就是要为分段用户设置更好的陈列和促销方式。

（2019年12月11日 CCTIME飞象网）

【任务思考】

当当网用自己的力量，打造文化和科技结合的"豪门"，统计为先，数据导向，场景开花，碎片链接，为自己赢得市场。喜欢在互联网购买书籍的人应该都有类似的经历，当你搜索某一本书时，常常会在页面上看到一个推荐书单，如图1-9所示，而你会惊奇地发现，书单里罗列的正是你感兴趣的书籍。这并非某个人的神机妙算，隐藏在背后的正是一串串海量的、巨细无遗的大数据。大数据可能比你更了解你自己。你还了解身边的哪些大数据呢？

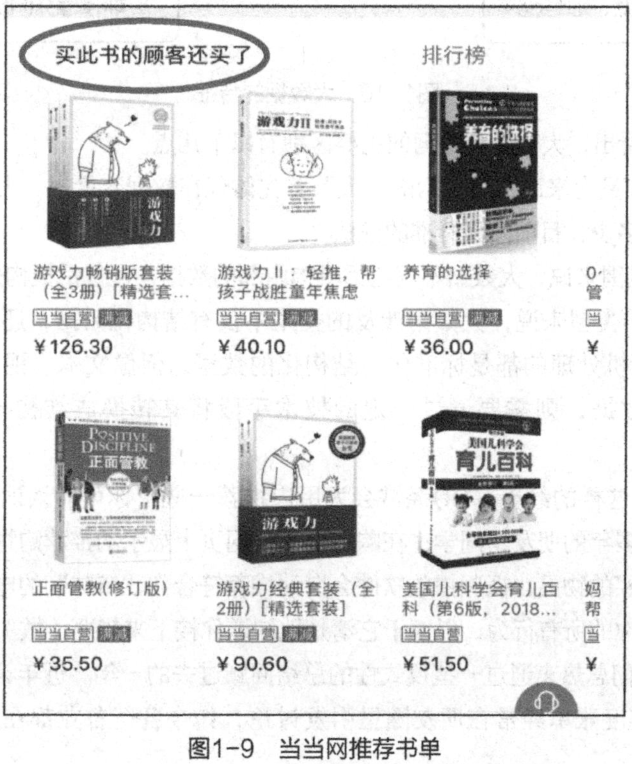

图1-9　当当网推荐书单

一、什么是大数据

从2012年开始，"大数据"一词被提及的次数越来越多。而最早提出"大数据"时代到来的是全球知名的咨询公司麦肯锡。麦肯锡称："数据，已渗透到当今每个行业和业务职能领域，成为重要的生产因素。人们对于海量数据的挖掘和运用，预示新一波生产率增长和用户盈余浪潮的到来。"

什么是大数据呢？大数据或称巨量资料，指的是所涉及的资料量规模巨大到无法通过目前主流的软件工具，在合理时间内提取、存储、搜索、共享、分析和处理的数据集合。大数据的特征可以用四个"V"来概括：Volume（大量）、Velocity（高速）、Variety（多样）、Value（价值），如图1-10所示。

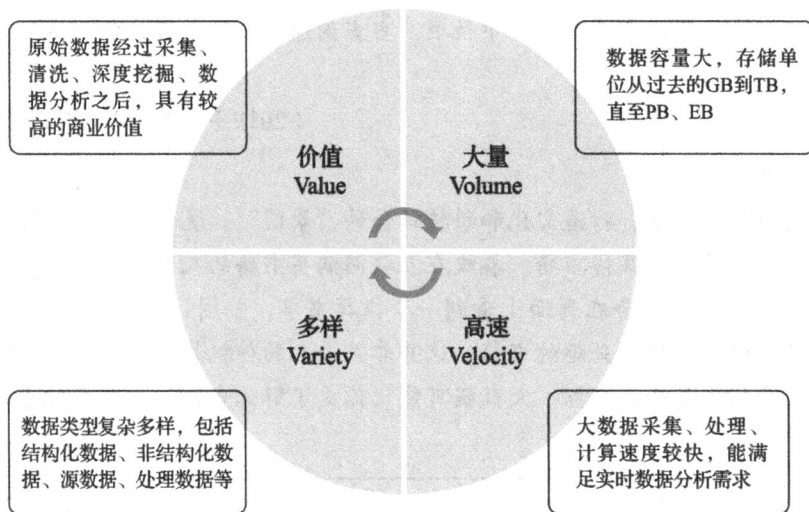

原始数据经过采集、清洗、深度挖掘、数据分析之后，具有较高的商业价值

数据容量大，存储单位从过去的GB到TB，直至PB、EB

价值 Value

大量 Volume

多样 Variety

高速 Velocity

数据类型复杂多样，包括结构化数据、非结构化数据、源数据、处理数据等

大数据采集、处理、计算速度较快，能满足实时数据分析需求

图1-10 大数据的特征

由图1-10可以看出，大数据和数据的主要区别有以下几点。

（1）从数据容量上来说，大数据的"大"首先体现在数据容量上。大数据是海量数据，而"海量"具体是多少，目前尚无标准的说法。

（2）从数据范围来说，大数据不仅包括机构内部的数据，还包括机构外部的数据。

（3）从数据的类型来说，大数据涉及的类型不仅有结构化数据，还有非结构化数据。一般情况下，计算机处理的都是标准化、结构化的数据，但像文本、视频、语音等非标准化、非结构化的数据，则需要通过一定的技术手段将其转换成结构化数据后才能进行处理。

我们可能都有这样的经历：QQ经常会为用户推荐一些"你可能认识的人"，而这些人里，有你失去联系多年的朋友、同学；在购物网站的网页上显示的推荐购物清单里，你发现了一些自己正打算购买的物品；视频播放软件会自动推荐符合你"口味"的电视剧等。这些数据记录了过去时间内你的所有行为，以至于它清楚地知道你接下来想要（做）什么。

每逢年末，人们总热衷通过一些仪式性的总结回顾过去的一年。近年，支付宝、微信、网易云音乐的个人年度账单经常在朋友圈里引发讨论，如今各行各业都在发力运作"年度账单"，让用户了解自己过去一年花了多少钱、听了多少老歌、寄了多少包裹，每年也在不断推出不同的玩法，这些都是大数据的功劳，如图1-11所示。

图1-11　我们身边的大数据

二、大数据的应用领域

随着物联网、移动互联网、社会化网络的快速发展，企业数据增长迅速，半结构化及非结构化的数据呈几何级增长。大数据时代已经到来，大数据必将对信息产业、经济社会、大数据产品化、知识产权和企业营销等产生一定的影响。大数据时代的预测也将更加容易，人们的生活正在被大数据预测深刻改变。预测性分析是大数据的核心功能。

（一）大数据医疗

大数据分析应用的计算能力能够让我们在几分钟之内就解码整个脱氧核糖核酸（DeoxyriboNucleic Acid，DNA），并且辅助医生制订出最新的治疗方案，同时也可以让我们更好地理解和预测疾病。就像人们戴上智能手表等可以产生的数据一样，大数据同样可以帮助病人进行更好的治疗。大数据技术目前已经在医院应用于监视早产婴儿和患病婴儿的情况，通过记录和分析婴儿的心跳，医生针对婴儿的身体可能会出现的不适症状做出预测，这样可以帮助医生合理救助婴儿。

（二）大数据金融

大数据在金融行业的应用范围较广，典型的案例有：花旗银行利用IBM沃森计算机为用户推荐产品；美国银行利用用户点击行为数据集为用户提供特色服务，如有竞争力的信用额度；招商银行对用户刷卡、存取款、电子银行转账、微信评论等行为数据进行分析，每周给用户发送有针对性的广告信息，其中有用户可能感兴趣的产品和优惠信息。大数据在金融行业的应用可以总结为以下5个方面。

（1）精准营销。依据用户的消费习惯、地理位置、消费时间进行推荐。

（2）风险管控。依据用户的消费和现金流提供信用评级或融资支持，利用用户的社交行为记录实施信用卡反欺诈。

（3）决策支持。利用决策树技术进行抵押贷款管理，利用数据分析报告实施产业信贷风险控制。

（4）效率提升。利用金融行业全局数据了解业务运营薄弱点，利用大数据技术加快内部数据处理速度。

（5）产品设计。利用大数据计算技术为用户推荐产品，利用用户行为数据设计满足用户需求的金融产品。

（三）大数据交通

目前，交通领域的大数据应用主要体现在两个方面：一方面可以利用大数据传感器数据了解车辆通行密度，合理进行道路规划，如单行线路规划；另一方面可以利用大数据实现即时信号灯调度，提高已有线路运行能力。科学地安排信号灯是一个复杂的系统工程，必须利用大数据计算平台才能制订一个较为合理的方案。科学地安排信号灯将会提高30%左右已有道路的通行能力。例如，美国依据某一路段的交通事故信息来增设信号灯，降低了50%左右的交通事故率；机场的航班起降依靠大数据将会提高航班管理的效率；航空公司利用大数据可以提高上座率，降低运行成本；铁路部门利用大数据可以有效安排客运和货运列车，提高效率、降低成本。

（四）大数据教育

在课堂上，大数据不仅可以帮助改善教育教学，在重大教育决策制定和教育改革方面更有用武之地。美国某些机构利用大数据诊断处在辍学危险期的学生、探索教育开支与学生学习成绩提升的关系、探索学生缺课与成绩的关系。大数据还可以帮助家长和教师甄别出孩子的学习差距，并提供有效的学习方法。例如，美国的麦格劳希尔教育出版集团就开发出一种预测评估工具，帮助学生评估他们已有的知识和通过达标测验所需知识的差距，进而指出学生有待提高的地方。在我国，尤其是北京、上海、广州等城市，大数据在教育领域已有了非常多的应用，如慕课、在线课程、翻转课堂等，其中应用了大量的大数据工具。

（五）大数据预测

大数据还拥有数据可视化和数据挖掘的功能，对已发生的信息价值进行挖掘并辅助决策。传统的数据分析挖掘在做相似的事情，只不过效率会低一些或者挖掘的深度、广度和精度不够。大数据预测则是基于大数据和预测模型去预测未来某件事情发生的概率，让分析从已经发生的过去转向即将发生的未来是大数据预测与传统数据分析的最大不同。大数据预测的逻辑基础是，每一种非常规的变化事前定有征兆，每一件事情都有迹可循，如果找到了征兆与变化之间的规律，就可以进行预测。大数据预测无法确定某件事情必然会发生，它更多是给出一个概率。

三、大数据案例分析

某知名代驾服务平台每天的订单量高达2500万个，每天要处理4500TB数据，相当于450多万部蓝光电影。这么大的数据处理量难道只是为了统计出全国有多少人在打车吗？这些数据反映的现象的背后意义非凡。

数据显示：全国代驾的订单高峰大致是晚上21时，而广州的夜晚订单高峰期却在凌晨才出现。广州人民的夜生活时间比全国其他地方平均延长了3个小时。平时夜晚聚会，人们都会首选距离比较折中的地方。全国的代驾平均距离是8千米，然而在深圳，代驾的平均距离是10千米。

在拥堵的直观感受上，多数人一直以为北京位居首位，但在某机构的出行报告中，西安成为2016年的"堵城"冠军，延时指数为1.79，如图1-12所示。

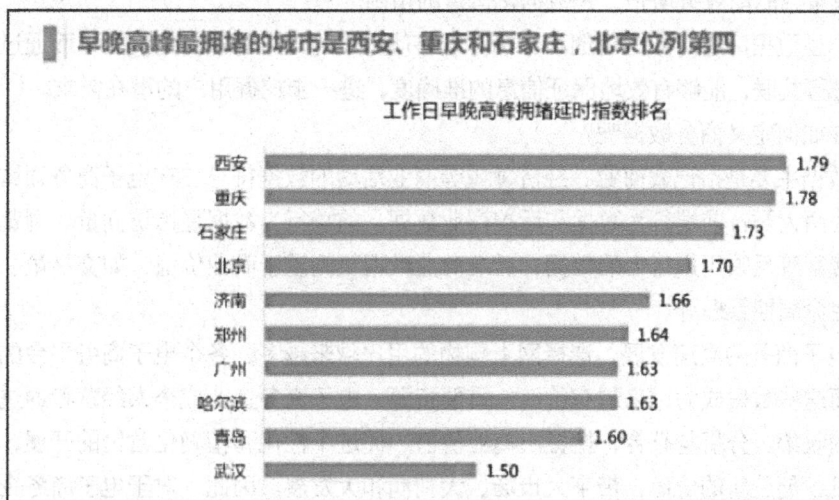

图1-12　高峰期拥堵延时指数

任务三 认识商务数据

【典型工作任务】

普拉达（PRADA）的每件衣服都被植入射频识别（Radio Frequency Identification，RFID）电子标签，如图1-13所示。在试衣间的智能屏幕前，RFID芯片会自动被识别。同时，衣服被拿进试衣间多少次、每次停留多长时间、最终是否被购买等信息，都会通过RFID进行收集并传回PRADA总部，加以分析和利用。这意味着，无论是否成为最终的购买用户，每一位走进PRADA门店的用户，都将会参与到商业决策的过程之中。

图1-13　PRADA的电子标签

【任务思考】

其实，大数据在商业中的应用案例还有很多，读者可以搜集关于商务数据应用的真实案例并和身边的朋友分享，以便更加深刻地认识商务数据的应用价值。

一、什么是商务数据

数据是反映商品和用户状态最真实的一种方式。数据化运营已经广泛应用于电子商务、互联网金融、消费电子、移动出行、企业服务、视频直播、在线教育和医疗健康等行业。以数据指导运营决策、驱动业务增长，是数据化运营的精髓。

利用小型数据库进行数据处理和分析，能够使用户的短期需求得到满足；而通过大数据对商务数据进行关联，能够有效地保证信息的准确度，进一步挖掘用户的潜在需求。

我们该如何定义商务数据呢？

商务数据主要是指记载商业、经济领域等商业活动的数据符号。在电子商务领域，商务数据可以分为两大类：前端行为数据和后端商业数据。前端行为数据是指访问量、浏览量、点击量及站内搜索等反映用户行为的数据；后端商业数据更侧重于商业价值，如交易量、投资回报率及产品生命周期管理等。

随着电子商务的高速发展，选择网上购物的用户越来越多，各个电子商务平台的数据也越来越多，而这些数据成为越来越有价值的重要资源。电子商务企业或个人经营者通过对用户的海量数据的收集、分析与整合，挖掘出商业价值，促进个性化和精确化营销的开展，还可以发现新的商机，创造新的价值，带来大市场、大利润和大发展。因此，对于电子商务企业或个人经营者来说，商务数据往往蕴藏着巨大的商机和价值。

二、商务数据的来源

商务数据有多种来源渠道，其采集也有不同的方法和技巧，管理者只有掌握了这些要点，才能做出正确的商务决策。

目前，微博、淘宝、微信等平台都会直接产生包括消费记录、消息记录、评价等在内的大量信息。换句话说，互联网企业都带有数据企业的标签。那么，我们该如何获取这些数据？那就必须清楚地了解数据的来源。

下面将从数据资料的性质、数据来源的范围、数据来源的对象三个方面对数据的来源进行划分。

（一）按照数据资料的性质划分

按照数据资料的性质，可以将数据划分为一手数据和二手数据。此部分内容在任务一中的"数据类型"部分已经介绍，此处不再赘述。

（二）按照数据来源的范围划分

按照数据来源的范围，可以将数据划分为外部数据和内部数据。以互联网企业为例，它的外部数据主要包括以下几方面。

（1）社会人口数据：人口的概况、人口的分布、人口的素质等。

（2）宏观经济数据：生产总值、生产总收入、消费水平等。

（3）新闻舆论数据：新闻的广告、舆论的监测等。

（4）市场调研数据：对渠道、广告、产品及价格方面的调研数据。

内部数据包括用户行为数据、服务端日志数据、用户关系管理数据和交易数据等。其中，用户行为数据是指用户在网站的停留时间、跳出率、回访次数及回访率等。

（三）按照数据来源的对象划分

按照数据来源的对象，可以将数据划分为日常采集数据、专题获取数据和外部环境数据。

1．日常采集数据

日常采集数据主要包括点击量数据和业务运营数据。其中，点击量数据包括页面的访问数、浏览数，以及用户在页面的停留时间等数据；业务运营数据包括销售额、订单量、用户购买数量等直接用于衡量网站绩效和目标的数据，这些数据主要存放在企业资源计划、用户关系管理系统（Customer Relationship Management，CRM）等数据库后台。

2．专题获取数据

专题获取数据包括实验测试数据和用户调研数据。其中，实验测试数据是指为了分析某些专题临时采集的数据，如网站改版、用户体验优化等；用户调研数据包括采用问卷调查、用户访谈等定性调研方式获取的用户数据。

3．外部环境数据

外部环境数据主要包括行业发展数据和竞争对手数据。其中，行业发展数据一般来自第三方咨询公司发布的免费行业数据报告，通过与这些行业数据进行对比，商家可以找出自身的不足，并从中挖掘出有用的行业信息；分析竞争对手数据是商家发现自身优劣势的一种有效方法和途径。

三、商务数据的应用范围

在电子商务领域，商务数据的应用范围主要体现在以下4个方面，如图1-14所示。

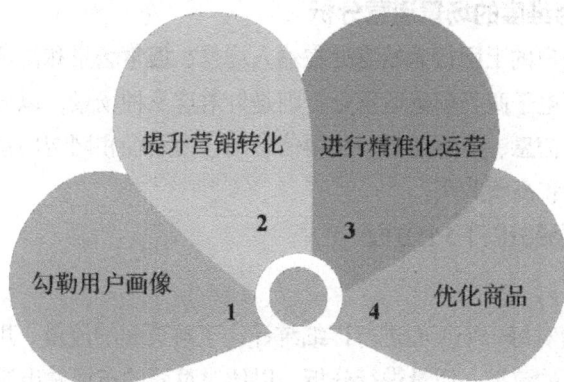

图1-14　商务数据的应用领域

（1）勾勒用户画像：通过勾勒用户画像，打通用户行为和商务数据之间的关系，还原用户全貌。

（2）提升营销转化：通过分析"拉新"流量和付费转化，甄别优质广告投放渠道。

（3）进行精准化运营：分层次筛选特定用户群，进行精准营销，提高用户留存率。

（4）优化商品：通过数据背后反映的问题优化商品，提高店铺的转化率和销售额。

下面分别从"人""货""物"三个维度对商务数据在电子商务领域的应用进行简要介绍。

（一）以"人"为维度的用户分析

用户分析是指基于用户在网站上的各项浏览行为数据来分析用户的喜好，进而提供其喜爱的产品和服务，最终实现转化。例如，通过对用户的新增或活跃情况、时段、渠道用户、地域分布，以及启动或激活情况等进行分析，商家可以研究用户的访问焦点，挖掘出用户的潜在需求，如图1-15所示。

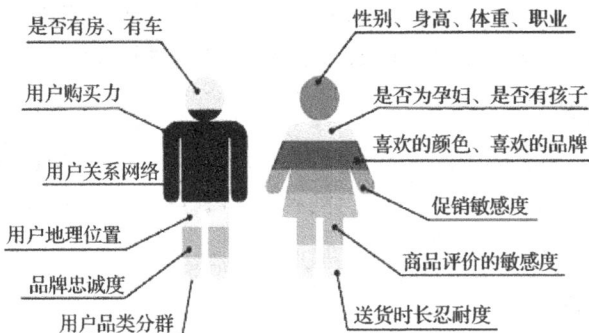

图1-15　以"人"为维度的用户分析

（二）以"货"为维度的产品分析

产品分析可以帮助企业在了解产品的浏览量、点击量、购买用户数等数据的基础上推断出五大要点：产品的点击是否顺畅，功能展现是否完美，产品生命周期如何，产品推广策略是否需要调整，用户的关注度、购买力怎样等。以"货"为维度的产品分析，可以为企业进一步研究产品生命周期、调整产品推广策略提供有力的数据支撑。

（三）以"物"为维度的场景运营分析

场景营销是基于用户的上网行为始终处在输入场景、搜索场景和浏览场景这三大场景之一的一种新营销理念。而电子商务场景运营分析则是针对这三种场景，以充分尊重用户的网购体验为先，围绕用户输入信息、搜索信息、获得信息的行为路径和网购场景进行优化，从而让用户对产品产生使用黏性和高频购买。

场景运营分析主要涵盖以下5个方面。

1．页面项目分析

页面项目分析是指对每一个页面进行详细统计，了解页面的流量、用户数、页面点击的热点等指标，进而对页面的流量、质量进行分析，以便对页面的布局做出进一步的调整。

2．内部搜索分析

分析内部搜索的用户行为，统计访客搜索最多的内容和搜索的频率，以及分析搜索结果的点击情况，可以为运营人员调整商品品类、优化搜索结果页结构及相应的搜索词提供数据支持。

3．专题页面分析

通过采集促销活动页等专题页面的浏览量、点击量、二次跳转、转化率、转化数等数据，运营人员可以分析用户对哪些活动感兴趣，对哪些商品感兴趣，进而根据这些数据对活动页面进行调整与优化。

4．站内广告分析

通过对站内广告的点击量、转化量进行分析，运营人员可以了解站内重点活动的访客参与度，了解用户对站内广告是否感兴趣，为优化站内广告位、广告创意、展现位置等提供数据支持。

5．页面流量分析

页面流量展现网站页面所有流量、点击率、退出率等指标。通过对这些数据进行分析，运营人员可以了解网站流量集中的页面、退出率集中的页面及相关页面的质量，从而发现重点页面或异常情况。

四、商务数据分析的作用

在电子商务领域，数据分析是指通过分析手段、方法和技巧对准备好的数据进行探索，从中发现因果关系、内部联系和业务规律，为运营人员提供决策参考。商务数据分析的作用如下。

（一）定位产品市场

市场定位对电商行业市场开拓非常重要，决定了运营人员的进入策略和推广策略。市场定位需要有足够的数据来供电商行业研究人员分析和判断，数据的收集整理就成为最关键的一步。运营人员通过行业数据分析，掌握行业现状、发展趋势和竞争情况，监视主要竞争对手的活动，准确判断产品的市场定位和竞争格局，预测行业发展走势和竞争对手的未来战略，从而规划设计发展战略以确保自己的行业地位。

（二）提升用户体验

"以用户为中心"已经成为许多运营人员的服务宗旨，强调这句话的深层目的在于提升用户体验，改善企业与用户的关系。通过分析用户特征、商品需求等数据，运营人员可以改善现有的服务和推出新的产品。随着网络社交媒体技术的发展，在论坛、微博、微信、点评网、评论版上，无数的网络评论形成了交互性的大数据，其中蕴藏了巨大的电商行业需求开发价值，运营人员可以通过这些数据深入挖掘用户需求，进而改良企业的产品，提升用户体验。

（三）助力企业收益管理

收益管理是起源于20世纪80年代的一种谋求收入最大化的新经营管理技术，意在把合适的产品或服务，在合适的时间，以合适的价格，通过合适的销售渠道出售给合适的用户，最终实现企业收益最大化的目标。要达到收益管理的目标，需求预测、细分市场和敏感度分析是此项工作的3个重要环节，而这3个环节推进的基础就是商务大数据。

（四）精细化市场运营

运营人员需要进行精细化运营才能更好地从管理、营销方面提升用户的服务体验，同时根据差异化的服务让运营更加精细化。差异化竞争的本质在于不停留在产品原有属性的优化上，而是创造产品的新属性。电子商务活动是一个由供应链组成的系统，其中涉及从采购到销售的各个环节，数据分析帮助运营人员进行用户群体细分，针对特定的细分群体采用差异化的营销策略或根据现有营销目标筛选目标群体，提高投入产出比，实现营销推广优化。

📈【项目小结】

任务一引领读者从新的角度认识数据，介绍了数据的概念，强调了数据与数学的不同，还介绍了数据在生活中的作用和意义。通过多角度认识数据的类型，包括按照数据来源的划分和按照数据计量层次的划分，帮助读者更深入地了解数据。最后介绍了数据集的概念，包括它的一般特性和在电商中的表现形式，帮助读者学会展现自己的数据。

任务二带领读者认识了大数据的相关概念，包括大数据的特征以及大数据与数据的区别，并展示了我们身边的大数据，帮助读者认识到大数据无处不在。通过对大数据目前研究领域的介绍，读者了解到大数据的应用价值，深刻认识学习大数据的意义。最后通过分享大数据案例，读者感受大数据的生动形象。

任务三带领读者认识了商务数据，包括商务数据的概念、商务数据的来源、商务数据的应用领域和商务数据分析的作用。商务数据是数据的一种形式，商务数据被越来越多的企业需要，运用于各种运营决策中。只有对商务数据结构有着清晰明了的认识，我们才能在日后的数据采集工作中明确采集方向，少走弯路。

项目二 初识数据采集

• 职业能力目标

数据采集是进行数据分析的基础，数据分析的后续工作内容均围绕所采集的数据展开。通过项目二的学习，读者可充分了解数据采集的概念、原则和意义，掌握数据采集流程，设计数据采集方案。

任务一 理解数据采集的概念

【典型工作任务】

数据采集在我们日常生活中随处可见，例如在淘宝网购物时，淘宝网会根据我们的关键词搜索和浏览习惯，进行用户行为数据分析，实施"千人千面"（淘宝网店铺针对不同的访客展示不同的页面、产品，实施不同的营销策略），推送相关产品的页面，最终提升访客成交转化率，如图2-1所示。

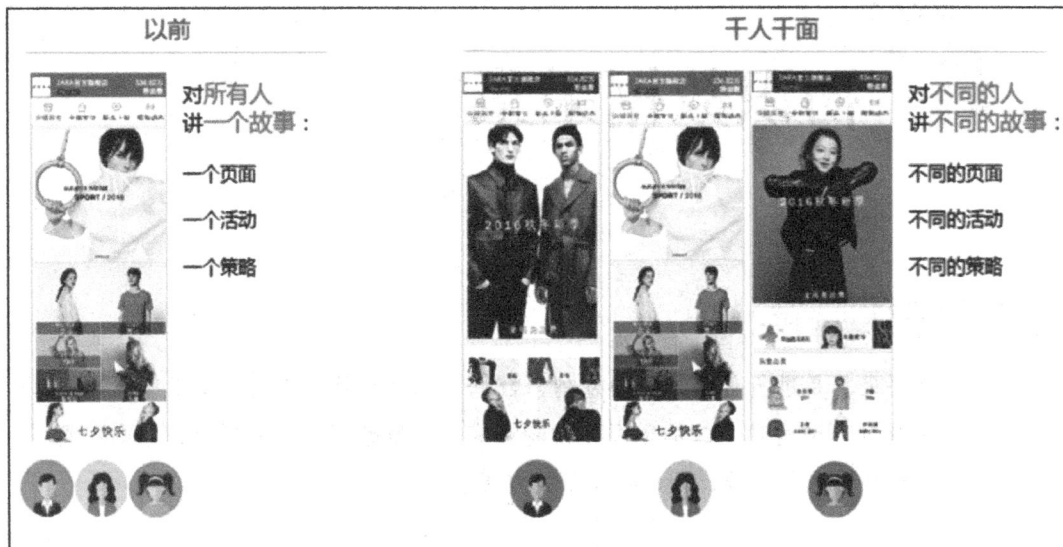

图2-1 淘宝网"千人千面"

【任务思考】

我们可以思考一下，生活中还有哪些数据采集的事例？数据采集的作用又有哪些？

随着网络更多地融入日常生活中，人们的出行、医疗、饮食、购物、交易等均会产生大量的数据，当前每天产生的网络数据可以达到2.5×10^{18}字节。随着5G时代的到来，数据将会呈现更大程度的井喷式增长。

电商企业要想在互联网市场站稳脚跟，必须实施大数据战略，对外要拓宽电商行业调研数据采集的广度和深度，从大数据中了解电商行业的市场构成、细分市场特征、用户需求和竞争者状况等众多因素；对内要进行项目评估和可行性分析，决定是否开拓某个市场。

在传统数据分析中，数据主要来自于统计年鉴、行业管理部门数据、相关行业报告、行业专家意见及属地市场调查等，这些数据多存在样本量不足、时间滞后和准确度低等缺陷，研究人员能够获得的信息量非常有限，这使准确的市场定位存在数据瓶颈。而在互联网时代，借助数据采集技术，很容易就解决了传统分析中存在的不足。例如，Iron Maiden乐队（铁娘子乐队），从1976年出道持续火热到现在，通过对用户上网数据的采集和分析，发现歌迷分布密度最大的区域是圣保罗，于是就在此举办了一场演唱会，取得了空前的成功。

今天，从搜索引擎、社交网络的普及到人手一机的智能移动设备，互联网上的信息总量正以极快的速度不断暴涨。每天在微博、微信、论坛、新闻评论、电商平台上分享的各种文本、照片、视频、音频、数据等信息高达几百亿甚至几千亿条，涵盖了商家信息、个人信息、行业资讯、产品使用体验、产品浏览记录、产品成交记录、产品价格动态等海量信息。这些数据通过聚类可以形成电商行业的大数据，其背后隐藏的是电商行业的市场需求与竞争的情报，也隐藏着巨大的财富价值。

以电商行业对用户的消费行为和趋向分析为例，企业平时应善于积累、收集和整理用户的消费行为方面的信息数据，如用户购买产品的花费、选择产品的渠道、偏好产品的类型、产品使用周期、购买产品的目的、家庭背景、工作和生活环境、个人消费观和价值观等。如果企业收集到这些数据，并建立了用户大数据库，便可通过统计和分析来掌握用户的消费行为、兴趣偏好和产品市场口碑现状；再根据这些总结出来的消费行为、兴趣爱好和产品市场口碑现状制定有针对性的营销方案及营销战略，投用户所好，那么其带来的营销效应是可想而知的。

随着网络社交媒体技术的进步，论坛、博客、微博、微信、电商平台、点评网等媒介在PC端和移动端的创新与发展，公众分享信息变得更加便捷自由，而公众分享信息的主动性促进"网络评论"这一新型舆论形式的发展。很多企业已把"评论管理"作为核心任务来抓。企业不仅可以通过用户评论及时发现负面信息进行危机公关，更重要的是通过采集评论数据剖析用户需求，优化产品或服务，提升用户体验。

此外，大数据时代的来临，还为企业收益管理工作的开展提供了更加广阔的空间。传统的数据分析大多是采集企业自身的历史数据来进行预测和分析的，容易忽视整个电商行业的信息数据，因此难免会使预测结果存在偏差。企业在实施收益管理的过程中，如果能在自有数据的基础上，依靠一些自动化信息采集软件收集更多的电商行业数据，了解更多的电商行业市场信息，将会对制定准确的收益策略、赢得更高的收益起到推进作用。

一、什么是数据采集

数据采集也叫数据获取，是指通过在平台源程序中预设工具或程序代码，获取产品状态变化、资金状态变化、流量状态变化、用户行为和信息等数据内容的过程，它将为后续进行数据分析提供数据准备。数据伴随用户和企业的行为实时产生，类型多种多样，既包含用户交易信息、用户基本信息、企业的产品信息与交易信息，也包括用户评论信息、行为信息、社交信息和地理位置信息等。在大数据环境下，电商平台中的数据是公开、共享的，但数据间的各种信息传输和分析需要经过采集与整理。通过数据采集与整理，企业可以将大量离散的数据有目的地整合在一起，从而发现隐藏在数据背后的秘密。

二、数据采集的原则

在进行商务数据采集的过程中，只有对及时、有效且准确的数据进行分析才能做出对商务运营和决策有帮助的结论。数据采集包括以下4点原则。

（1）及时性原则。及时性原则是指在进行数据采集时，需要尽可能地获取平台的最新数据。只有将最新的数据与往期数据进行对比，才能更好地发现当前的问题和预测变化趋势。

（2）有效性原则。有效性原则是指在进行数据采集的过程中，需要注意数值期限的有效性。例如，采集某产品的采购价，由于市场行情变化，被采购的产品都有相应的报价时效，一旦超过时效价格就可能发生变化，从而影响采购预算。

（3）准确性原则。准确性原则是指在进行数据分析的过程中，每个指标的数据可能需要参与各种计算，有些数据的数值本身比较大，一旦出错，参与计算之后就可能出现较大的偏差。数据分析人员在进行数据采集时需要确保所摘录的数据准确无误，避免数据分析时出现较大偏差。

（4）合法性原则。数据采集还需要注意数据采集的合法性。在进行竞争对手数据采集的过程中，只能采集相关机构已经公布的公开数据，或在对方同意的情况下获取的数据，而不能采用商业间谍、非法窃取等非法手段获取数据。例如，某电子商务企业为了能够让更多的用户了解并浏览自己的网店，通过购买用户资料的手段获取用户联系信息，并通过短信、邮件等方式对用户进行营销，这种数据采集方式不会受到法律保护。我们一定要规避使用这种非法手段采集数据。

任务二　掌握数据采集流程

【典型工作任务】

某品牌是一家专注于健康饮食电器的研发、生产和销售的现代化企业，多年来一直保持着健康、稳定、快速的增长，现已成为小家电行业的著名企业，规模位居行业前列。

随着电子商务的快速发展，该品牌在各大电商平台（如天猫、京东等）均开设了旗舰店，并且有多家授权店铺。近期，该品牌发现授权店铺向非授权店铺窜货、低价出售的现象时有发生，导致销售价格不统一、市场混乱，严重影响了该品牌新品的市场销售，透支了品牌价值。

对此，该品牌决定采集各大电商平台的相关数据，通过采集的数据甄别非授权店铺，筛选低价店铺，惩治电商平台价格混乱的现象。

【任务思考】

在采集数据前，需要结合数据分析的需求确定采集范围和采集指标。该品牌计划采集淘宝、天猫、京东、一号店、苏宁易购等主流电商平台的卖家数据及销售价格数据。因要采集的数据量大，该品牌与提供数据采集服务的第三方公司合作，合法采集有效数据，并对采集的数据按照平台进行归类、检查和分析，第一时间筛选低价、禁售店铺和电子商务网站，通过通知调整、知识产权维权、行政干预等手段，整治渠道乱象。

该案例中进行数据采集的原因是什么？数据采集经历了哪些步骤？

数据采集是一项烦琐且有难度的工作，快速、准确地进行数据采集是数据分析人员的必备技能。

一、数据采集流程

商务数据多为文本、图片及视频格式，数据采集流程如图2-2所示。

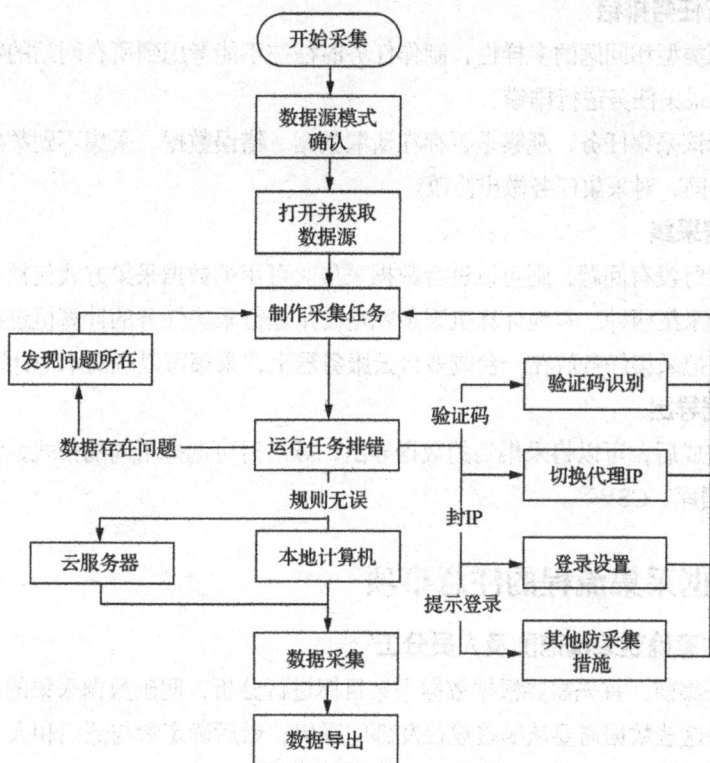

图2-2　数据采集流程

（一）数据源模式确认

采集前首先要明确数据源类型、所需数据、数据源模式、可能存在问题等情况，尽量全面地了解数据源情况；然后在采集过程中对可能出现的问题提前做出预防，减少制作和排错时间。

（二）打开并获取数据源

首先需要打开数据源，获取数据源超文本标记语言（Hyper Text Marked Language，HTML）文档或应用程序编程接口（Application Programming Interface，API）等数据，然后从数据源处进行各类操作，抽取所需内容。

（三）制作采集任务

确定好数据源情况后，开始制作采集任务。采集时，需要针对不同的网站进行有针对性的配置，解决特定网站的采集难点。

制作采集任务主要需要实现以下目标。

（1）针对各类数据源的不一致情况，配置不同的采集任务，实现所需数据的抓取。

（2）针对数据源内的各类情况，如数据位置不一致、数据格式不一致、数据源使用特殊加载类型或数据源的防采集措施等情况分别做出应对。

（3）将数据源内各类数据形成结构化数据并存储于指定位置，使其用于数据处理和分析。

（四）运行任务排错

由于数据源类型和问题的多样性，制作任务时往往不能考虑到所有网站的特殊性并做出应对，因此需要对采集任务进行排错。

排错即运行该采集任务，观察是否存在遗漏数据、错误数据、采集不到数据等情况，并根据错误情况的不同，对采集任务做出修改。

（五）数据采集

假如任务运行没有问题，则可以进行数据采集。可用的数据采集方式包括本地计算机采集或云服务器数据采集两种。本地计算机采集就是使用运行采集任务的计算机进行采集，云服务器数据采集就是把采集任务放在一台或多台云服务器上，采集可以脱离本地计算机进行。

（六）数据导出

数据采集完成后，可以将采集到的数据导出，导出时可选择不同的格式，常见的导出格式包括Excel、数据库、CSV等。

二、商务数据采集流程的注意事项

（一）要注意确定采集范围及人员分工

进行数据采集前，首先需要根据数据采集目标进行分析，明确数据采集的指标范围和时间范围；然后明确这些数据需要从哪些途径及部门采集；最后确定参与部门和人员配备。

（二）要注意准确识别信息需求

识别信息需求既是管理者的职责，也是确保数据分析过程有效性的首要条件。数据采集切忌大而全，管理者应根据决策与过程控制的需求提出对信息的长远和当前阶段的需求，从而让数据采集更有针对性，让数据分析更有目的性，让执行更加高效。

要想准确地识别信息需求，管理者需要运用各种指标。指标用来衡量具体的运营效果，如浏览量、销售额、转化率等。指标的选择源于具体的业务需求，类似于杜邦分析法，首先要找到分析的核心指标，然后在此基础上将其与关键事件或行为结合，逐级分解为多项指标的乘积，以此来分析企业的经营绩效。

管理者首先要明确关键绩效指标，然后选择一个核心指标进行检测。如果是公司初创，需要"拉新"，那么核心指标就是注册用户数或新访客数；如果是新闻媒介，需要注重影响力及覆盖面，那么核心指标就是阅读数和浏览量。

下面以一个电商网店为例具体说明指标的构建过程。

首先，要明确核心指标。电商网店的主要业务是销售商品，该网店希望通过数据分析来提升网店的销售额，所以核心指标就是销售额。

其次，要找到用户的关键购买行为，包括访问网店、浏览商品、注册账号、加入购物车、结算支付等，然后基于用户的关键购买行为进行指标分解，找到对应的指标，如访客流量、下单转化率、支付转化率、客单价等。

（三）要注意明确分析对象

无论是哪种运营岗位，都需要明确其目标用户的特征、目标用户关注的重点及痛点，也就是需要明确具体的分析对象，即分析维度。维度是用来对指标进行细分的属性，在具体选择维度时，应遵循的原则是记录那些可能对指标产生影响的维度，如图2-3所示。

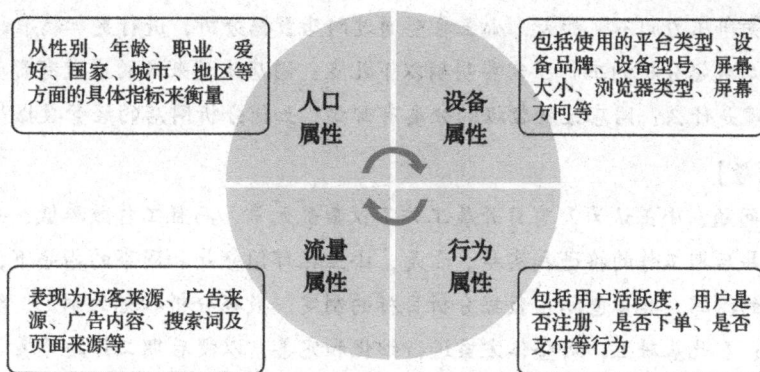

从性别、年龄、职业、爱好、国家、城市、地区等方面的具体指标来衡量

包括使用的平台类型、设备品牌、设备型号、屏幕大小、浏览器类型、屏幕方向等

人口属性

设备属性

流量属性

行为属性

表现为访客来源、广告来源、广告内容、搜索词及页面来源等

包括用户活跃度、用户是否注册、是否下单、是否支付等行为

图2-3　分析维度

（四）要注意按需求采集数据

明确分析对象以后，接下来的工作就是按需求采集数据。首先，由数据需求人员整理出需求的数据指标和分析的维度，然后由技术人员带着需求和分析目标采集数据。这样不仅避免了因为数据冗余而无从下手，也避免了大量采集数据之后却不知道要分析什么的尴尬。数据需求人员和技术人员的协同，能够有效地提升后期数据分析的价值和效率。

（五）要注意建立必要的数据指标规范

进行数据采集前，需要对数据进行唯一性标志，即确定数据指标。确定数据指标贯穿于之后的数据查询、分析和应用的过程之中。建立数据指标规范是为了使后续工作有可以遵循的原则，也为庞杂的数据分析工作确定可以识别的唯一标志。例如，独立访客（Unique Visitor，UV）如果使用不规范，后期进行数据分析时，就可能会出现数据不完整或重复计算等现象，从而使结果产生偏差。

（六）要注意数据采集后对数据进行检查

完成数据采集后，还需要进行数据的检查，确保数据的完整性、准确性、规范性。

（1）完整性检查。完整性即记录数据是否完整。完成数据采集后，对数据进行复查或计算合计数据，将其和历史数据进行比较，同时还要检查字段的完整性，保证核心指标数据完整。

（2）准确性检查。在数据采集录入的过程中，可能会有个别数据出现录入错误，可以通过平均、求和等操作与原始数据进行比对；如果发现比对结果不匹配，则需要找出相应的错误数据。

（3）规范性检查。检查采集的数据是否存在多个商品标识编码相同或同一数据出现多个数据指标等情况。

在进行数据检查的过程中，数据采集人员需要及时记录并通报出现的问题，避免在后续工作中出现同样的问题，降低工作效率。

任务三　设计数据采集与处理方案

【典型工作任务】

小王是一名电子商务专业毕业的大学生，目前在一家经营大码女装的天猫店铺做运营工作。随着行业竞争压力的不断加大，小王希望通过网店数据分析，进行更加精准的营销。

要完成网店数据分析的工作，需要明确以下几点：网店流量来源的渠道有哪些？网店流量数据分析的步骤是什么？网店经营数据的分类有哪些？如何分析网店的经营数据？

【任务思考】

面对以上问题，小王认为，盲目开展工作不仅杂乱无章，而且工作效率低，必须有一个完整的方案来指导后期工作的推进和实施。于是，小王在部门领导和同事的指导下，进行数据采集与处理方案的撰写，具体包括：数据分析目标的制定、数据分析指标的制定、数据采集渠道及工具的选择；在此基础上，对整体方案进行细化和完善，以便后期工作的开展。

撰写数据采集与处理方案对网店营销工作的开展有何积极意义？数据采集与处理方案具体包括哪些内容？

一份完整的数据采集与处理方案包含数据采集的背景介绍、商务数据需求分析、数据分析目标、数据分析指标、数据来源渠道及数据采集工具等内容，如图2-4所示。制定方案的目的是指导数据分析工作人员更好地进行相关数据的采集。

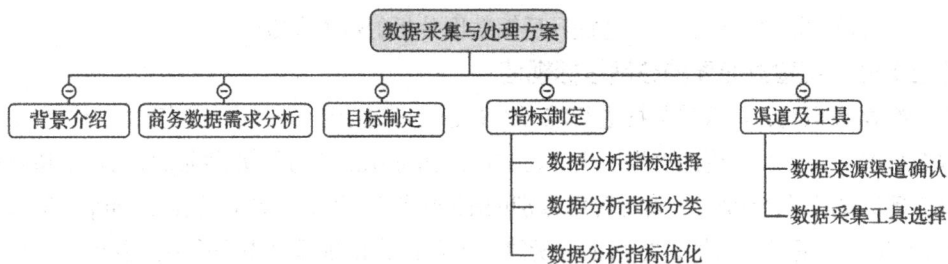

图2-4　数据采集与处理方案构成

一、数据采集与处理方案构成

（一）背景介绍和商务数据需求分析

背景介绍和商务数据需求分析主要是让项目参与人员了解该数据项目的来龙去脉，明确分析的环境和所处情况，通常是描述运营过程中出现的具体问题。例如，某个网店准备拓展品类，只需要将拓展品类的原因告诉网店运营人员即可。

（二）数据分析目标制定

我们要明确数据分析目标的含义，因为在商务数据化运营的工作中，各部门都要通过运营的策略进行一些调整和优化，实现店铺的良性发展。而调整和优化的依据就是整个数据背后凸显出来的逻辑和变化，数据分析就是分析运营过程中数据变化的规律以及变化的趋势。

数据分析目标，也就是数据分析人员完成数据分析后对项目运营各部门基于什么样的目的提出建议及调整策略，数据分析要解决的问题是什么，要达到什么样的效果。例如企业想进入某个新的领域，数据分析的目标就是新领域的市场发展状况。

在这里，我们需要掌握数据分析目标制定的"四部曲"。

（1）运营人员不仅要非常清楚电子商务数据化运营方案中的细节和重点，还要听取市场、客服、物流等部门对电子商务数据分析的诉求。例如，各部门在日常经营活动中出现什么问题,需要怎样解决等。

（2）听取诉求后,在熟悉和掌握电子商务数据分析作用的基础上明确具体的分析需求,这就需要数据采集人员熟悉电子商务运营流程及各部门的工作内容,做好跨部门沟通及需求收集工作。

（3）根据数字化运营方案和各部门的数据需求制定可行的数据分析目标。

（4）数据采集人员需要具备较强的逻辑分析能力,以及对各部门诉求进行合理的判断、处理的能力。

（三）数据分析指标选择

进行电子商务数据分析,其核心是通过对各项指标的数据进行分析,从而得出与数据分析目标相关的结论。选择符合数据分析需求的指标是获得准确结论的保障。

在数据分析中,通常会涉及众多过程指标,如转化率、咨询率,这些数据指标可能无法直接获取,因此需要对这些数据进行拆解,将其拆解为可以采集到的数据指标。数据采集完成后,再将相关数据进行处理、计算,转化为所需要的数据指标。

（四）数据分析指标分类

数据分析指标是指明确进行此次数据分析所需要的指标类型及具体指标。

1．市场数据

市场数据包括行业数据和竞争数据两个部分。

（1）行业数据是指企业所处行业的相关数据,包括行业总销售额、行业增长率等行业发展数据,需求量变化、品牌偏好等市场需求数据,地域分布、职业等目标用户数据。

（2）竞争数据是指能够揭示企业在行业中竞争力情况的数据,包括竞争对手的销售额、客单价等交易数据,活动形式、活动周期等营销活动数据,畅销商品、商品评价等商品营销数据。

2．运营数据

运营数据是指企业在运营过程中产生的用户数据、推广数据、销售和服务数据、供应链数据等。

（1）用户数据是指用户在购物过程中的行为所产生的数据,如浏览量、收藏量等数据,性别、年龄等用户画像数据。

（2）推广数据是指企业在运营过程中的一系列推广行为所产生的数据,如各推广渠道的展现、点击、转化、花费等数据。

（3）销售和服务数据是指企业在销售和服务过程中产生的数据,如销售额、订单量等交易数据,客服响应时长、询单转化率等服务数据。

（4）供应链数据是指产品在采购、物流、库存过程中产生的数据,如采购数量、采购单价等采购数据,物流时效、物流异常量等物流数据,库存周转率、残次库存比等仓储数据。

3．产品数据

产品数据是指围绕企业产品产生的相关数据,包括行业产品数据和企业产品数据两部分。

（1）行业产品数据是指产品在整个市场中的数据,如行业产品搜索指数、行业产品交易指数等数据。

（2）企业产品数据是指产品在具体企业中的数据，如新客点击率、重复购买率等产品获客能力数据，客单价、毛利率等产品盈利能力数据。

（五）数据来源渠道及数据采集工具

常见的数据来源渠道包括内部渠道和外部渠道，如我们进行市场类或产品行业类的分析，通常会借助外部渠道或数据工具；对店铺本身的运营状况或产品销售情况进行分析，会借助内部渠道或数据工具。例如我们经营的是淘宝店铺，需要对其销售数据、用户数据、服务数据等进行分析的时候，就可以借助生意参谋；经营的是独立店铺，分析相关数据时就可以借助百度指数或友盟+等。

数据分析人员分析出合理的结果离不开数据来源渠道及数据采集工具为其提供的数据，因此在数据采集与处理方案中注明数据来源及采集工具，不仅可以为后续的工作提供工作方向，也可以为后期效果评估及复盘提供理论依据。

二、举例——店铺商品销售数据采集与处理方案

任务背景：某淘宝网店在运营过程中发现，部分商品持续数月销量低，严重影响资金流转。现要求小王对店铺商品进行分析，找出近三个月销量低于店铺平均水平50%的商品，并撰写一份店铺商品销售数据采集与处理方案。

任务分析如下。

1．任务目标分析

该任务背景中店铺遇到的问题：店铺中部分商品销售情况较差，运营人员需按照一定的标准（低于平均销量50%）筛选出这部分商品。因此可以明确数据分析目标为找出店铺月销量低于平均月销量50%的商品。

2．数据指标确定

从商品数据采集的角度出发，该任务中需要采集的是店铺商品的销量数据，常见的数据指标通常为商品销售量、支付件数等。

3．数据采集渠道确定

由于店铺在淘宝平台，因此其销售量数据采集的渠道有以下3个。

（1）淘宝店铺后台交易管理板块中的订单数据。在这里可以下载每一笔订单中所销售的商品数量，即销售量（支付件数），数据翔实。

（2）生意参谋平台的交易板块。该板块提供了店铺整体的销售量数据，不提供单一商品的销售量数据。

（3）生意参谋平台的品类板块。在该板块中可以下载具体商品的销售量数据，但需要对所有商品进行逐一下载，然后进行整理分析；如果店铺商品数量较多，则需要操作多个数据表，容易出错。

综上所述，最优的采集渠道为淘宝店铺后台交易管理板块。

4．数据指标明确

通过以上分析，可以进一步明确数据采集过程中实际采集的数据指标：商品支付件数。但

由于仅采集"商品支付件数"这一项数据，在进行数据分析时无法判断数据的对应情况及明确数据产生的时间（维度），因此还需要添加下单时间、商品名称（维度）两项数据指标，即最终确定数据指标：下单时间、商品名称、支付件数。

5. 数据采集工具

通过对数据所处渠道的研究可发现，交易管理板块订单数据可以直接下载，下载完成后剔除无关数据指标即可。

综上所述，可以拟定店铺商品销售数据采集与处理方案，如表2-1所示。

表2-1 店铺商品销售数据采集与处理方案

背景介绍	某淘宝网店在运营过程中发现，部分商品销售数据持续数月低迷，严重影响资金流转。现要求小王对店铺商品进行分析，找出近三个月销量低于店铺平均水平50%的商品
分析目标	找出店铺月销量低于平均月销量50%的商品
数据分析指标	下单时间（维度）、商品名称（维度）、支付件数（指标）
数据来源渠道及采集工具	淘宝店铺后台交易管理板块

三、举例——市场规模数据采集与处理方案撰写

任务背景： 某淘宝网店长期经营零食坚果类商品，市场采购部门决定在近期计划增加产品种类，现需要在"小银杏""鲍鱼果""碧根果"三类商品中选择一种，选择的依据主要为这三类商品近一年的用户关注度高、目标用户群体基数大等。要求数据分析人员针对该需求撰写数据采集与处理方案，并对相关数据进行采集。图2-5所示为市场规模数据采集与处理方案撰写思维导图。

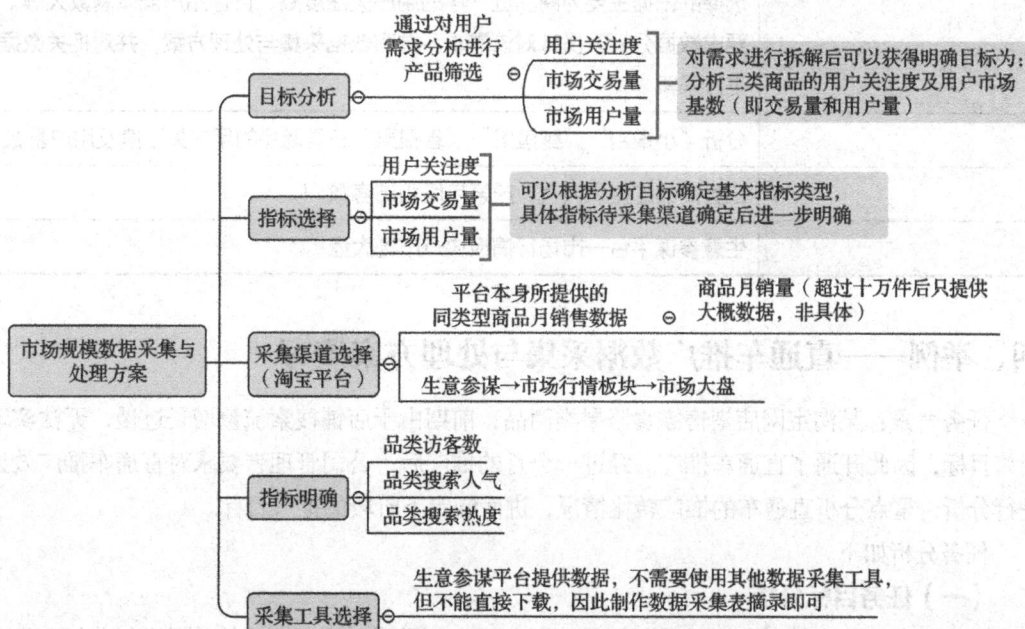

图2-5 市场规模数据采集与处理方案撰写思维导图

（一）任务目标分析

此任务目标在淘宝网店的分析需求中提出，分析三类商品的用户关注度及用户基数两类数据指标，从而确定需要上架的商品品类。

（二）数据指标选择

先按照大的方向确定数据采集的基本大类为用户关注度及用户基数，具体的数据指标需等确定了数据采集渠道之后再进行确定。由于是在淘宝平台，因此数据的采集渠道需要围绕淘宝平台来确定，其余的数据需要通过生意参谋平台来采集。

（三）数据采集渠道选择及数据指标明确

数据采集渠道选择淘宝平台。与背景需求相关的能够提供给我们的数据主要有商品30天的销售量这项数据指标，虽然它有一定的分析价值，但采集起来有一定难度。我们可以在生意参谋市场行情板块中获取与背景需求相关的数据。生意参谋平台的数据是直接在网页中呈现的，采集时只需制作相应的数据表格进行摘录即可，难度相对第一种渠道操作较为简单。

（四）数据采集工具选择

由于此任务是从生意参谋平台直接摘录数据的，因此，这里不需要使用数据采集工具。

（五）分析总结

通过前述分析，我们可以确定指标为三类商品的搜索人气、搜索热度和访客数。而数据采集渠道从数据的相关度及操作可行性两个角度考虑，则选择通过生意参谋平台进行采集。

综上所述，可以拟定店铺的市场规模数据采集与处理方案，如表2-2所示。

表2-2　市场规模数据采集与处理方案

背景介绍（电商数据需求分析）	某淘宝网店长期经营零食坚果类商品，市场采购部门在近期计划增加商品种类，现需要在"小银杏""鲍鱼果""碧根果"三类商品中选择一种，选择的依据主要为商品近一年的用户关注度高、目标用户群体基数大等。要求数据分析人员针对该需求，撰写数据采集与处理方案，并对相关数据进行采集
分析目标	分析"小银杏""鲍鱼果""碧根果"三类商品的用户关注度及用户基数
数据分析指标	三类商品的搜索人气、搜索热度和访客数
数据来源渠道及采集工具	生意参谋平台→市场行情板块→市场大盘

四、举例——直通车推广数据采集与处理方案撰写

任务背景：某淘宝网店销售零食坚果类商品，前期由于店铺搜索流量增长过慢，无法实现销售目标，因此开通了直通车推广。经过一个月的推广后，公司管理者要求对直通车推广效果进行分析，重点分析直通车的推广转化情况，进而制定下阶段的推广目标。

任务分析如下。

（一）任务目标分析

在该任务中，店铺进行了一段时间的直通车推广，需要对推广期间的效果进行分析，由此可以明确任务需求：分析店铺直通车推广效果。

（二）数据指标确定

直通车推广是指将店铺商品或店铺页面通过直通车平台以图片、文字等形式根据出价、权重等因素展现在相应的广告位上，用户看到广告后，可点击图文信息进入相应的页面并进行进一步操作，因此这里的效果可通过以下4个方面的指标来进行分析。

（1）展现类指标通常为展现量。

（2）点击类指标通常为点击量。

（3）转化类指标是指用户进入店铺后产生的有效行为指标，通常有加购、收藏、支付下单三类。

（4）花费类指标通常有总花费、平均点击花费、千次展现花费等。

（三）数据采集渠道确定

任务需求为分析店铺直通车推广效果，其数据获取渠道有以下两类。

（1）直通车平台报表板块。直通车平台报表板块提供了直通车推广所产生的数据信息，如展现量、点击量、总花费、点击率、平均点击花费、千次展现花费、直接成交金额等20个指标，可以提供所选时间段内的详细数据下载。

（2）淘宝生意参谋平台流量板块。淘宝生意参谋平台流量板块提供了各流量来源的访客数、下单买家数、下单转化率、新访客数、关注店铺人数、商品收藏人数、加购人数、下单金额等17个指标，可以提供所选时间段内的整体数据下载。

通过对比可以看到，直通车平台报表板块提供的数据维度及指标更加全面，因此选择直通车平台报表板块进行数据采集。

（四）数据指标明确

明确了数据采集渠道后，可以根据采集渠道进一步明确数据采集指标，具体内容如下。

（1）展现类：展现量。

（2）点击类：点击量。

（3）转化类：直接成交金额、直接成交笔数、间接成交金额、间接成交笔数、收藏宝贝数、收藏店铺数、总成交金额、总成交笔数、总收藏数、直接购物车数、间接购物车数、总购物车数。

（4）花费类：总花费、平均点击花费、千次展现花费。

除此之外，也可以采集展现转化率、点击转化率、投入产出比等转化效果衡量类或转化率类指标，当然这些指标也可以在分析时通过以上4类指标计算得出。

（五）数据采集工具

通过对数据所处渠道的研究可发现，在直通车平台报表板块中可以直接下载相关数据指标，下载完成后剔除无关数据指标即可。

综上所述，可以拟定直通车推广数据采集与处理方案，如表2-3所示。

表2-3　直通车推广数据采集与处理方案

背景介绍	某网店在淘宝网销售零食坚果类商品，前期由于店铺搜索流量增长过慢，无法实现销售目标，因此开通了直通车推广。经过一个月的推广后，公司管理者要求对直通车推广效果进行分析，重点分析直通车推广转化情况，进而制定下阶段的推广目标

分析目标	分析店铺直通车推广效果
数据分析指标	（1）展现类：展现量 （2）点击类：点击量 （3）转化类：直接成交金额、直接成交笔数、间接成交金额、间接成交笔数、收藏宝贝数、收藏店铺数、总成交金额、总成交笔数、总收藏数、直接购物车数、间接购物车数、总购物车数 （4）花费类：总花费、平均点击花费、千次展现花费
数据来源渠道及采集工具	直通车报表

在电子商务发展已经非常成熟的今天，并非所有的数据采集行为都需要撰写方案，而更多的则是上级部门给出一张数据采集表，数据采集人员根据数据采集表中的数据指标填写相应的数据内容即可。

📈 【项目小结】

任务一详细介绍了数据采集的概念和原则，读者能够充分认识数据采集在电子商务运营中的重要性，并熟悉电子商务的相关法律法规，合理合法地开展数据收集工作。

任务二详细介绍了商务数据采集流程，读者只有掌握了商务数据采集流程，才能针对电子商务运营过程中出现的各种问题，撰写出行之有效的数据采集与处理方案。

任务三通过案例解析详细介绍了数据采集与处理方案的构成，读者不仅能够制定数据分析目标，熟悉电子商务数据指标体系，还能够根据目标合理选择数据采集渠道和数据采集类型，撰写数据采集与处理方案并制作数据采集表。

初识数据采集工具

职业能力目标

在进行商务数据分析之前，需要收集和获取数据，尽量获得完整、真实、准确的数据，做好数据的预处理工作，以便于量化分析工作的开展。通过学习项目三，读者能够了解数据来源渠道和数据采集工具，掌握数据采集和处理方案的撰写方法，更好地解决电子商务运营过程中出现的各种问题。

任务一 认识数据采集工具

【典型工作任务】

小丁经营一家淘宝店铺，主要销售自己家乡的特产，包括白姜、香菇、木耳等特色农产品。2019年9月，小丁家种的花椒"大红袍"产量大增，她准备将花椒作为新品，在网店上架，并将其打造为当季引流商品。

为此，小丁通过百度指数进行了查询，发现9月中旬至10月中旬，花椒的搜索指数一直维持在中等偏上的水平，并有逐渐上升的态势，如图3-1所示。小丁认为可以安排花椒即时上架。

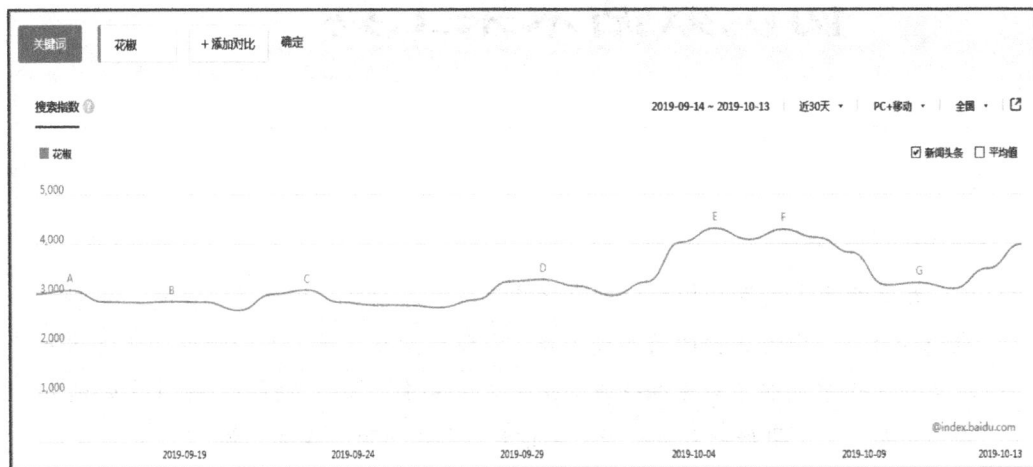

图3-1 花椒搜索指数

同时，小丁还注意到，搜索花椒的人群以20～29岁为主，如图3-2所示。小丁认为可以针对这部分人群进行重点推广。

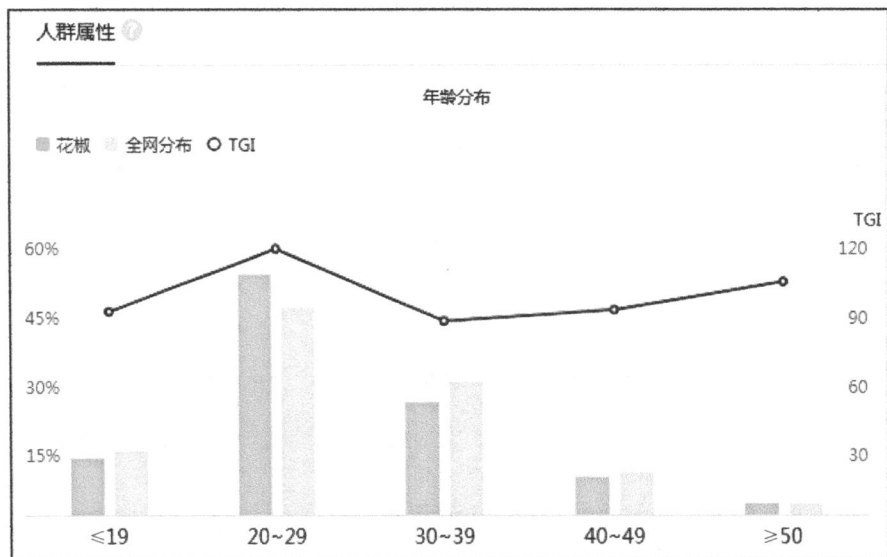

图3-2 人群属性

通过对采集到的数据进行分析后，小丁对计划"上新"的花椒有了初步的判断。

【任务思考】

思考一下，数据采集与分析的渠道与工具除了上述提到的"百度指数"，还有哪些？

一、数据采集渠道

电子商务数据的有效性、准确性与及时性，都是建立在可靠数据来源的基础上的。在进行数据采集的过程中，应对数据的来源做一个可信度的划分，确定哪些数据可信性更高，这就要求数据采集人员必须建立相应的机制。

常见的可靠数据来源有内部数据渠道和外部数据渠道。

（一）内部数据渠道

内部数据渠道是指在电子商务项目运营的过程中，电子商务站点、店铺自身所产生的数据信息，如站点的访客数、浏览量、收藏量等数据，以及商品的订单数量、订单信息、加购数量等数据。这些数据可以通过电子商务站点、店铺后台或类似生意参谋、京东商智等数据工具获取。对于独立站点的流量数据，还可使用百度统计、友盟+等工具进行统计采集。

（二）外部数据渠道

外部数据渠道是指在进行行业及竞争对手数据采集时，通常需要借助外部数据。在选择外部数据时，尤其需要注意数据的真实性和有效性。

常用的外部数据渠道包括以下几个。

1．政府部门、行业协会、新闻媒体、出版社

政府部门、行业协会、新闻媒体、出版社等发布（发行）的统计数据、行业调查报告、新闻报道、出版物等都会涉及相关的数据报告。例如，国家统计局每个阶段都会发布宏观经济、居民消费价格指数等数据报告，如图3-3所示。

图3-3 国家统计局网站首页

2．权威网站、数据机构

权威网站、数据机构发布的报告、白皮书等也会涉及相应的数据报告，常见的网站和数据机构有中国互联网络信息中心、阿里研究院、易观数据、艾瑞咨询等。这些平台提供了行业或行业类龙头企业的数据，其数据参考性较高，是重要的行业及企业数据采集渠道。图3-4所示为艾瑞咨询发布的《2020年中国功能性儿童学习用品行业白皮书》中的部分内容。

3．电子商务平台

电子商务平台上聚集着众多行业的卖家和买家，也是电子商务数据产生的重要来源。

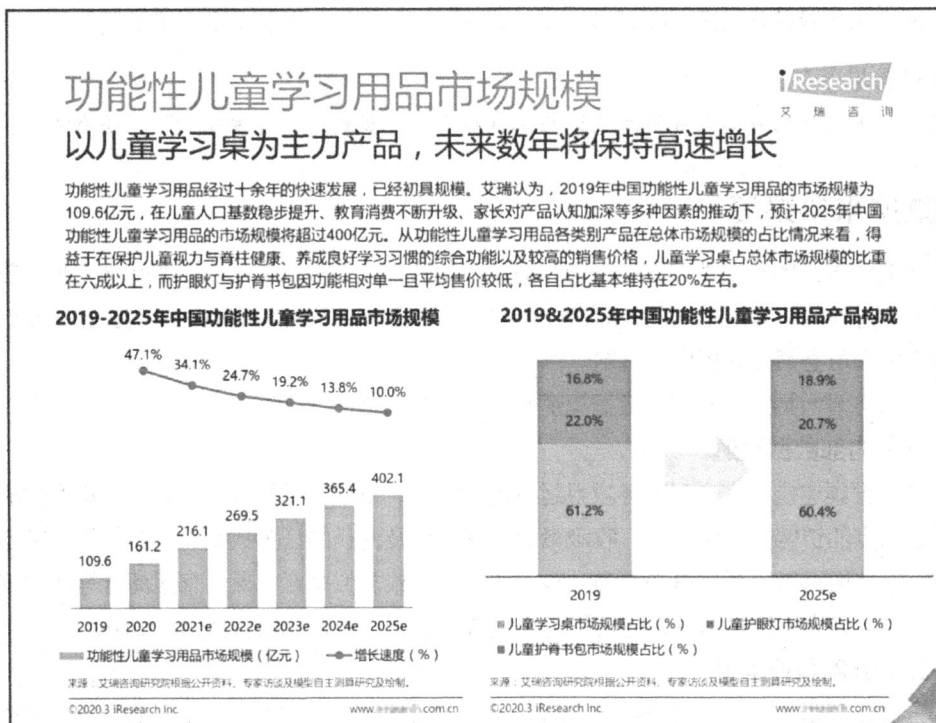

图3-4 艾瑞咨询发布的《2020年中国功能性儿童学习用品行业白皮书》中的部分内容

4．指数工具

百度指数、360趋势（见图3-5）、搜狗指数、阿里指数等工具依托于平台海量的用户行为数据，将相应搜索数据趋势、需求图谱、用户画像等数据通过指数工具向用户公开，该类型数据可为市场行业、用户需求和用户画像数据分析提供重要的参考依据。例如本项目"典型工作任务"中的案例就是通过百度指数工具对淘宝网特定商品的搜索指数、受众人群等数据进行采集，分析出最受用户欢迎的商品，从而进行重点推广的。

图3-5 360趋势

除上述几种指数工具外，还有今日头条提供的头条指数、微信提供的微信指数，均可为开展移动电子商务运营提供数据参考。

针对以上数据源，数据采集人员如何从中选择适合自身数据分析需求的数据源呢？首先，数据分析人员需要明确以上几类数据源所能获取的数据指标，选择具有所需数据指标的数据源（见表3-1）。例如，在进行网店销售数据分析时，其所能选择的数据来源有店铺后台或平台提供的数据工具。其次，数据分析人员需要对数据源按照所提供数据的精准度为其划分等级，优先获取等级更高的数据源。例如，某淘宝网店进行商品的购买人群画像分析，则优先使用生意参谋进行数据采集，百度指数、360趋势等工具仅作为辅助数据采集渠道。

表3-1　数据采集渠道适用场景

数据采集渠道	数据类型	典型代表
电子商务网站、店铺后台或平台提供的数据工具	产品数据、市场数据、运营数据、人群数据等	淘宝、京东店铺后台及其提供的数据工具，如生意参谋、京东商智等
政府部门、行业协会、媒体	行业数据	国家及各级地方统计局、各类协会、报纸、杂志等
权威网站、数据机构	行业数据、产品数据	易观数据、艾瑞咨询、199IT等
电子商务平台	行业数据	淘宝/天猫、京东、苏宁等
指数工具	行业数据、人群数据	百度指数、360趋势等

二、数据采集常用工具

在进行数据采集的过程中，为了提升工作效率，往往需要使用数据采集工具。

（一）什么是数据采集工具

数据采集工具是指利用数据采集技术，通过识别数据渠道中所需的数据指标，将数据进行摘录整理，形成数据文档的工具。掌握数据采集工具的使用是数据采集人员快速、准确获取数据的基础。

（二）数据采集工具分类

常用的数据采集工具分为以下3类。

第一类：平台提供的数据工具，主要包括平台店铺后台、生意参谋（淘宝/天猫）、京东商智（京东）、数据易道（苏宁）等数据采集工具。

1．生意参谋

生意参谋是淘宝网官方提供的综合性网店数据分析平台，为天猫/淘宝卖家提供流量、商品、交易等网店经营全链路的数据展示、分析、解读、预测等功能，其不仅是卖家和市场数据的重要来源，同时也是淘宝/天猫平台卖家的重要数据采集工具。

通过生意参谋，数据采集人员不仅可以采集自己店铺的各项运营数据（如流量、交易、服务、产品等数据），通过其中的市场行情板块还能够获取淘宝/天猫平台上的行业销售经营数据，如图3-6所示。

图3-6　生意参谋首页

2. 京东商智

京东商智是京东为卖家提供数据服务的平台，卖家在订购京东商智之后，可以从PC端、App、微信、手机QQ、移动端五大渠道获取店铺的流量、销量、用户、商品等数据，并能够获取整个行业及同行业中其他卖家的数据，以此来支持运营决策。同时，京东商智还支持购物车营销、用户营销等精准营销，帮助卖家提升销量，如图3-7所示。

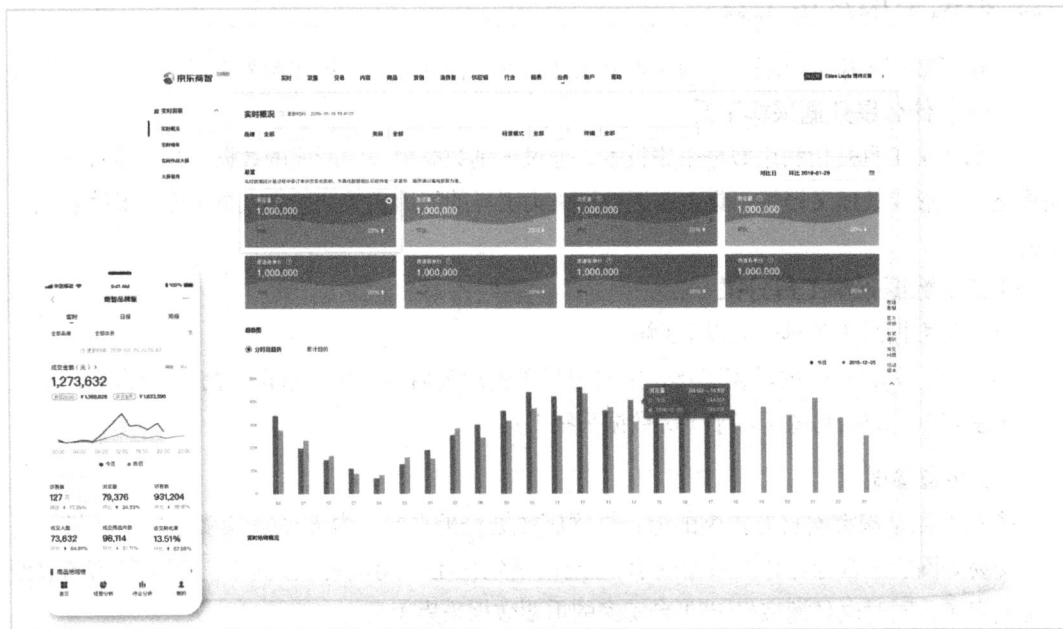

图3-7　京东商智首页

3. 数据易道

数据易道是苏宁面向外部卖家、供应商及品牌工厂等合作伙伴的官方数据分析平台，依托苏宁的海量数据价值和大数据能力，旨在通过优质的数据产品及服务为合作伙伴提供业务数据分析和决策建议，实现合作伙伴与苏宁的商业价值共享共赢，如图3-8所示。

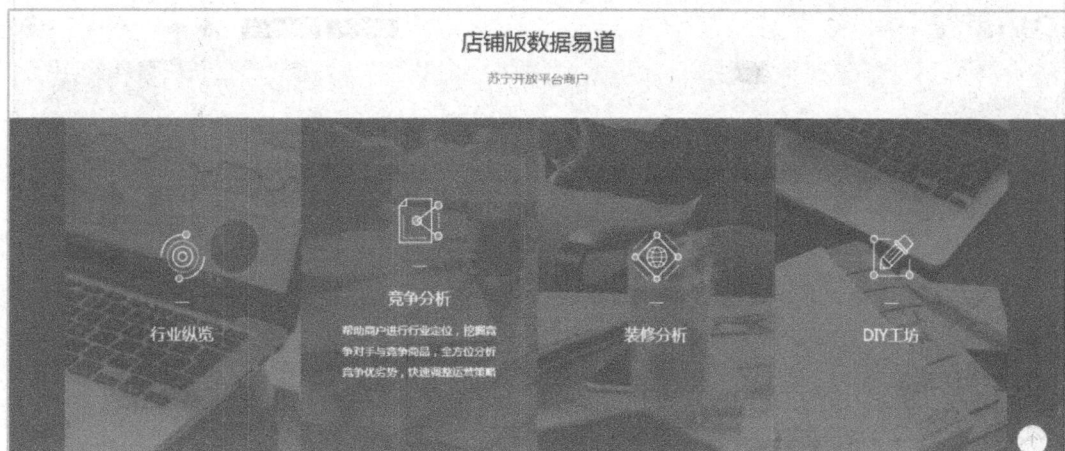

图3-8 店铺版数据易道首页

第二类：第三方专项数据采集工具，主要包括多多情报通（多多参谋）、店侦探（淘宝/天猫）、淘数据（淘宝/京东/Wish等）、逐鹿工具箱等工具。

1. 多多情报通

多多情报通（多多参谋）是拼多多电商平台的数据工具，提供大盘走势、竞品（"竞争商品"的简称）分析、货源分析、成交高峰、物流预警、开团监控、店铺探索、深度分析活动商品信息、关键词监控等多维度的数据服务，辅助卖家的数据化运营，如图3-9所示。

图3-9 多多情报通首页

2. 店侦探

店侦探是一款专门为淘宝及天猫卖家提供数据采集、数据分析的数据工具。通过对各个店铺、宝贝运营数据进行采集分析，店侦探可以快速提供竞争对手店铺的销售数据、引流途径、广告投放、活动推广、买家购买行为等数据信息，如图3-10所示。

图3-10　店侦探首页

3．淘数据

淘数据是一款为国内电子商务和跨境电子商务提供数据采集与分析的工具，为卖家提供行业和店铺的各项数据，如图3-11所示。

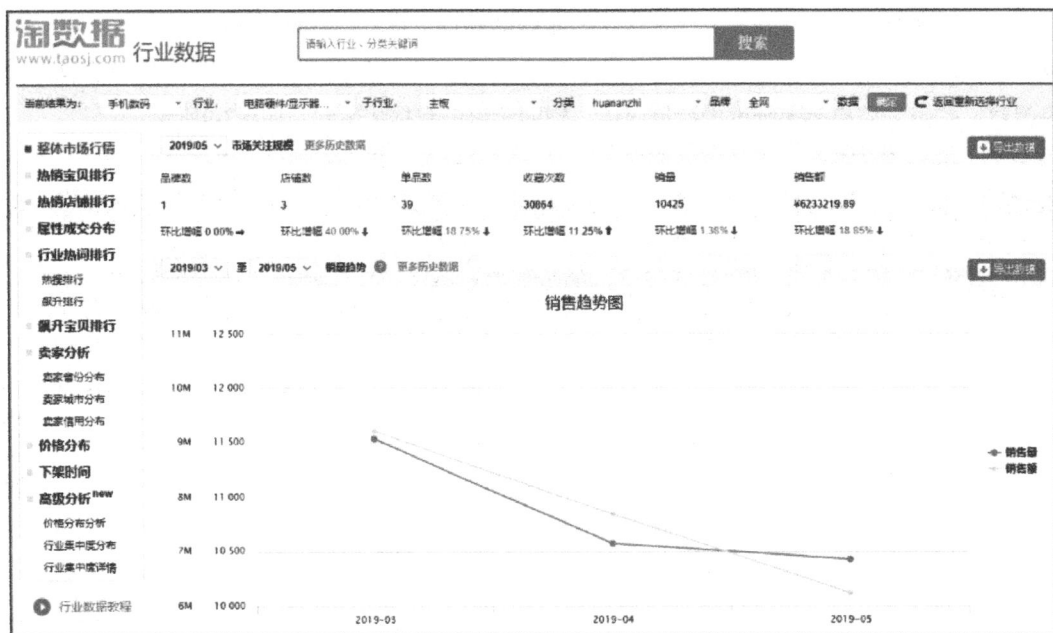

图3-11　淘数据首页

4．逐鹿工具箱

逐鹿工具箱是一款电商多领域营销软件，提供了查排名、选款选品、主图评测、关键词挖掘、关键词市场分析、SEO优化、直通车优化、活动分析等功能，可帮助卖家全面提升店铺经营效率，如图3-12所示。

图3-12　逐鹿工具箱首页

　　第三类：网页数据采集工具（爬虫），主要包括八爪鱼采集器、火车采集器、后羿采集器等数据采集工具。

1．八爪鱼采集器

　　八爪鱼采集器是一款通用的网页数据采集器，使用简单，可执行完全可视化操作；其功能强大，任何网站均可采集；另外，其采集的数据可导出为多种格式。八爪鱼采集器可以用来采集商品的价格、销量、评价、描述等内容，如图3-13所示。

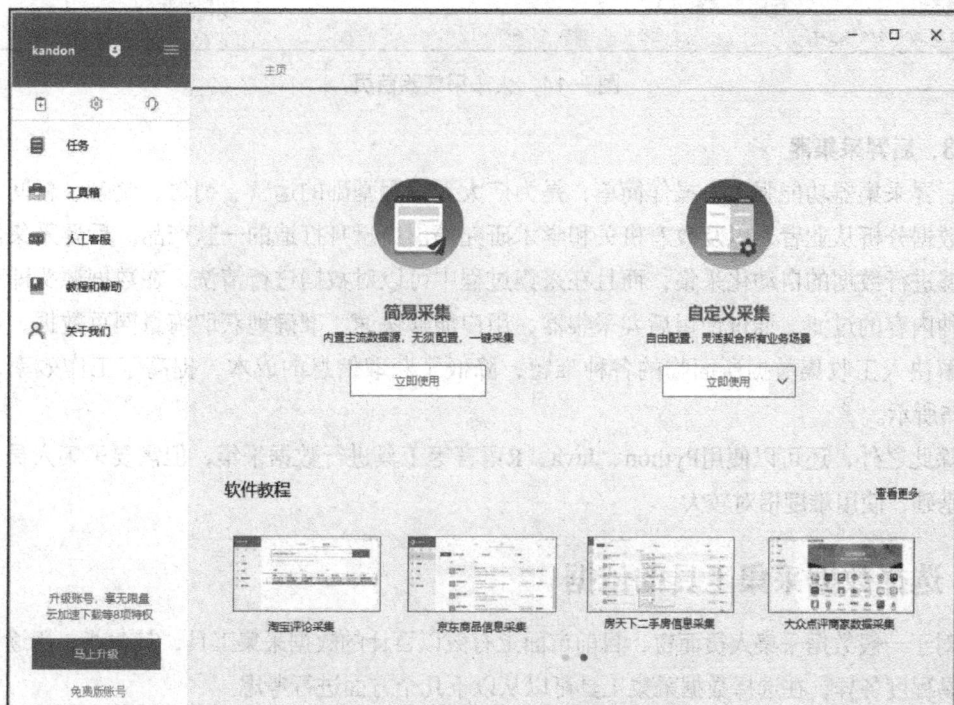

图3-13　八爪鱼采集器首页

2．火车采集器

火车采集器是一个供各大主流内容平台系统、论坛系统等使用的多线程内容采集发布程序，如图3-14所示。其对于数据的采集可分为两部分：一是采集数据，二是发布数据。借助火车采集器可以根据采集需求在目标数据源网站上采集相应数据并整理成表格或以txt格式导出。

图3-14　火车采集器首页

3．后羿采集器

后羿采集器功能强大，操作简单，是为广大无编程基础的运营、销售、金融、新闻、电商和数据分析从业者，以及政府机关和学术研究等用户量身打造的一款产品。后羿采集器不仅能够进行数据的自动化采集，而且在采集过程中可以对数据进行清洗，在数据源头即可实现多种内容的过滤。通过使用后羿采集器，用户能够快速、准确地获取海量网页数据，从而彻底解决人工收集数据所面临的各种难题，降低了获取信息的成本，提高了工作效率，如图3-15所示。

除此之外，还可以使用Python、Java、R语言等工具进行数据采集，但需要采集人员具备编程基础，使用难度相对较大。

三、选择数据采集工具的依据

对于一般数据采集人员而言，目前市面上有数以百计的数据采集工具，其功能、用途、使用难易程度各异，在选择数据采集工具可以从以下几个方面进行考虑。

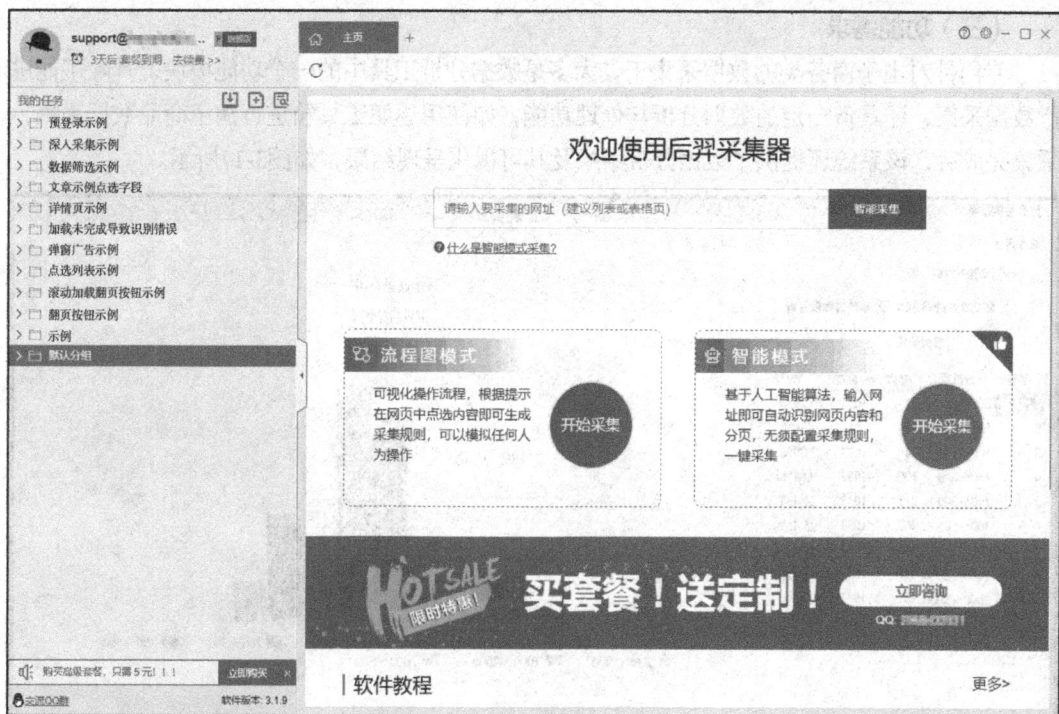

图3-15 后羿采集器首页

（一）适用范围

不同用户根据自身的情况，应当选择不同的数据采集器。例如，利用生意参谋基础版可以采集到淘宝、天猫店铺的流量、销售、商品、运营等相关数据；若想采集行业市场数据，则需要选择生意参谋的市场行情专业版；如果想要采集京东、苏宁等平台的店铺数据，则需要选择京东商智、数据易道等相应的数据采集工具；如果想采集各大电商平台的商品售价和销量数据，除了可以使用店侦探、淘数据、逐鹿工具箱等电商专项数据采集工具，有一定网页代码知识的数据分析人员还可以使用八爪鱼采集器、火车采集器、后羿采集器等专业网页数据采集工具。

（二）数据类型

很多电商类数据采集工具所提供的数据并非项目运营实际数据，而是对实际数据进行转化后的展现。例如，生意参谋显示的数据并非真实的用户搜索数量，其将真实的搜索数量进行了转化，以指数数据进行呈现，如图3-16所示。

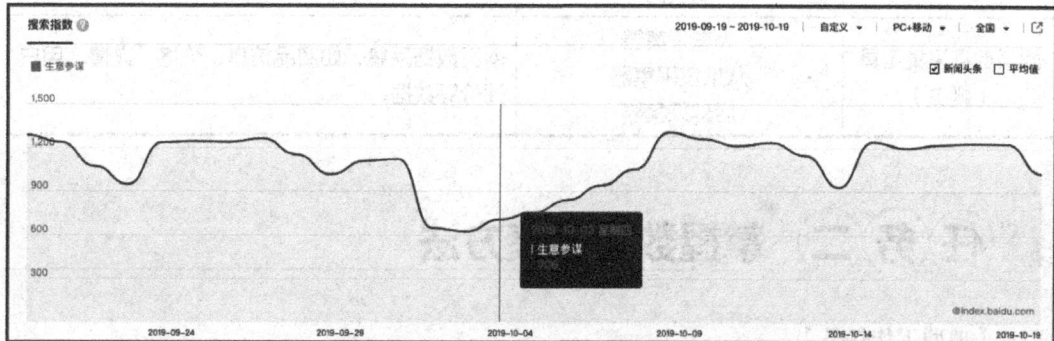

图3-16 生意参谋呈现的指数数据

（三）功能需求

专门针对电子商务类的数据采集工具大多是数据分析工具中的一个功能模块，其除了能进行数据采集，还具备一定的数据分析与处理功能，如使用逐鹿工具箱进行淘宝商品数据采集，采集完成后，该系统还提供了数据分析结果及其可视化呈现结果，如图3-17所示。

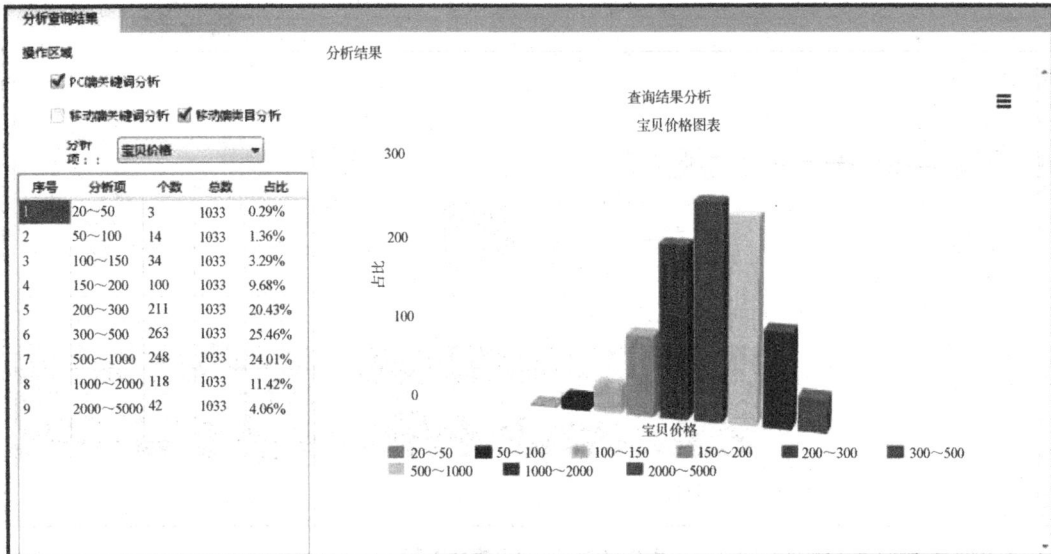

图3-17　逐鹿工具箱淘宝商品数据采集的可视化呈现结果

在进行数据采集工具选择时，并非适用范围越广泛、数据类型越丰富、功能越强大越好，核心选择要素是数据采集人员能够熟练操作，并能采集到所需的数据，如表3-2所示。

表3-2　常用数据采集工具分类、功能及适用场景

数据采集工具类别	数据采集工具	功能及适用场景
平台提供的数据采集工具	生意参谋（淘宝/天猫） 京东商智（京东） 数据易道（苏宁）	店铺运营、商品的流量、交易、用户、服务等数据，市场的趋势、规模、人群等数据
第三方专项数据采集工具	逐鹿工具箱	淘宝、微信平台的市场行情、竞争等数据
	多多情报通 店侦探 淘数据	竞品、竞店（"竞争店铺"的简称）推广渠道、排名、销售等数据
网页数据采集工具（爬虫）	火车采集器 八爪鱼采集器 后羿采集器	网页数据采集，如商品信息、价格、详情、用户评价等数据

任务二　掌握数据采集方法

【典型工作任务】

首次登录领英（LinkedIn）的用户，LinkedIn会让你关注5个好友。当你办理一张信用卡

时，银行会提出"消费满5笔免年费"的优惠条件。那么LinkedIn和银行是如何得出关注5个好友、消费满5笔的结论呢？

【任务思考】

用户的行为与其留存之间有一定关系，通过干预用户的行为可以提高留存率。借助数据采集工具，可采集用户行为（多少天内×某个动作×做过几次）与用户留存之间的相关度信息。相关度高的组合，往往就是我们需要优化的方向。

思考一下，我们在日常生活中常常会用到哪些数据采集的方法呢？

一、数据采集方法的说明

商务数据通常具有不同类别的属性，包括字符类属性和数值类属性。字符类属性通常是对键值的外部归类，如性别、所在地区名、信用等级等。数值类属性是对变量的量化记录，可分为顺序属性、离散值属性和连续值属性。其中，顺序属性是指对键值进行顺序排列，并用数字表示顺序，如喜爱程度、满意度等就具有顺序属性；离散值属性是指不具有运算意义的离散值键值，如身份证号码、邮编等就具有离散值属性；连续值属性是最为常见的数值类属性，如货币收入、统计的人数等就具有连续值属性。

目前，互联网中的网页信息多是半结构化或结构化的，大多数的网页信息的编写或标记语言用超文本标记语言（HTML）。分析其组成结构可知，它主要由HTML标签和穿插其中的普通文本信息组成。简而言之，商务数据主要可以归类为由文字、数值组成的文本类型数据，同时还包括图片、视频等数据。

网络数据在采集频率较低且数据量较小时，通常使用复制粘贴的方式进行人工采集。随着数据量的加大以及采集频率的提高，复制粘贴已不能满足需要，于是抓取网络数据的爬虫工具应运而生。爬虫工具是一种按照一定的规则自动抓取互联网信息的程序或脚本，使用爬虫工具需要具备一定的计算机知识，因此爬虫工具最初流行于专业人士之中。

随着网络数据的日渐丰富，个人与企业对数据的需求也日益增加，如何利用数据进行决策成为普遍性的需求。利用数据进行预测与优化分析，可以有效增加效益与防范风险，数据采集能力也成为很多岗位的必备技能，此时网络爬虫是用户需要进行深入学习才能掌握的技能。

数据采集器就是进行数据采集的机器或者工具，用于实现自动地从大批量的网页上采集数据，实现网站信息（如图片、文字等）的采集、处理及发布。采集器可以大幅降低数据获取的门槛。

随着数据采集频率越来越高，数据采集数量日益增大，单一计算机的采集已不能很好地满足用户的需求，云计算技术的出现正好解决了这个问题。云计算将计算和数据分布在大量的分布式计算机上，"云中"的计算机能提供强大的计算能力，能够完成传统单台计算机无法完成的计算任务。同时，"云中"的计算机具有庞大的数据存储空间，采集器可以实现多种采集需求。

二、商务数据采集的方法

美国《连线》杂志主编凯文·凯利曾经说过："不管你现在从事什么行业，未来都是数据的生意。"尽管如此，目前在国内也只有阿里巴巴、腾讯、百度、字节跳动这类企业有强大的技术团队，才能"玩转"数据，一般企业获得数据的途径大多是采用网络爬虫技术或者通过人工解决的，但非常耗时耗力。下面将对常见的数据采集方法进行介绍，主要针对定性数据和定量数据进行采集。

对于定性数据，主要采用调查问卷和用户访谈的方法来获取。定量数据又分为内部数据和外部数据两种。其中，内部数据可以通过系统日志、数据库、报表来获取，外部数据则主要采用网络爬虫抓取的方法来获得，即通过编写脚本语言（如Python、Java、R语言等），按照一定的规则来抓取网络上的信息。当然，外部数据的采集也可以借助第三方统计平台来实现。从某种意义上来说，第三方统计平台可以降低中小企业数据采集的门槛。

数据采集的分类方法有很多，从数据的来源来看，可以分为内部数据采集和外部数据采集。

（一）内部数据采集

内部数据采集是指采集企业内部经营活动的数据，数据通常来源于业务数据库，如订单的交易情况。如果要分析用户的行为数据、App的使用情况，还需要一部分行为日志数据，这个时候就需要采用"埋点"这种方法来进行App或Web的数据采集。

（二）外部数据采集

外部数据采集是指通过一定的方法获取企业外部的一些数据，具体目的包括获取竞品的数据、获取官方机构官网公布的一些行业数据等。获取外部数据，通常采用的数据采集方法包括以下7种。

1．调查问卷采集

调查问卷采集，主要是指数据采集人员通过设计具有针对性的问卷，采用实际走访、电话沟通、网络填表等方式进行信息采集。在对用户需求、习惯、喜好、产品使用反馈等数据进行采集时，常常会用到调查问卷。在进行问卷调研时，调研者首先需要考虑样本的容量，然后对问卷内容进行设计，并按照"确定调研目标→设计调查问卷→投放调查问卷→调查问卷收集汇总→调研结果分析"的步骤展开调研。

2．用户访谈采集

用户访谈采集，是指数据采集人员通过与受访人员进行面对面的谈话，从而获取所需信息。在访谈之前，数据采集人员首先要确定访谈目标，然后设计访谈提纲，接着选择访谈对象，并对访谈及相应的情况进行记录，最后对访谈结果进行分析。在分析访谈结果时，我们可以采用关键词提炼法针对每个用户对每个问题的回答进行关键词的提炼，并按照关键词的频次进行排序，将共性词进行汇总。

3．系统日志采集

网站日志中记录了访客IP地址、访问时间、访问次数、停留时间、访客来源等数据，系统日志采集主要是指通过对这些日志信息进行采集、分析，挖掘企业业务平台日志数据中的潜在价值。

使用系统日志对用户数据及相应行为进行分析，优点是能够保证用户的使用行为可以查询。同时，针对用户的一些误操作，我们还可以通过日志文件进行恢复。在实际运用中，由于从打印日志到处理日志，再到输出统计结果，整个过程很容易出错，所以经常出现业务运行和统计分析两种数据流相分离的情况。

4．数据库采集

数据库采集，主要是指通过数据库采集系统直接与企业业务后台服务器结合，将企业业务后台每时每刻产生的大量业务记录写入数据库中，最后由特定的处理系统进行数据分析。

企业后端都有业务数据库，其中存储了销售量、订单量、购买用户数等指标数据。通过这种方式获得的数据都是实时的、准确的，可以直接用于衡量网站的绩效和目标。

业务数据库设计的初衷是满足企业正常的业务运转，用于机器读写访问，所以为了提升性能，我们往往会进行一些分表操作，一般一个正常的业务会被分成几十张甚至上百张业务数据表，这些表格之间有着复杂的依赖关系，这就可能导致业务分析人员很难理解业务数据表的含义。另外，业务数据表的设计针对的是高并发、低延迟的小操作，而数据分析常常是针对大数据进行的批量操作，这是导致其性能差的一个重要因素。

5．报表采集

报表采集，主要是指对于一些独立站点，可能没有如每天咨询用户数、订单数等数据指标统计功能，在进行数据采集时，可以通过每日、每周的工作报表对站点信息进行相应数据采集。

6．网页采集

网页采集（也称"网络爬虫"或"Web爬虫"），是一种按照一定的规则自动抓取互联网信息的程序或脚本，它被广泛应用于互联网搜索引擎或其他类似网站，可以自动采集所有能够访问的页面内容，以获取或更新这些网站的内容和检索方式。从功能上讲，爬虫一般分为数据采集、数据处理与数据储存三个部分。所有被爬虫抓取的页面都会被系统存储，爬虫会对其进行分析与过滤，并建立索引，以便之后的查询和检索。

在采集行业及竞争对手数据时，电商平台上的一些数据诸如商品属性数据（商品结构、标题、品牌、价格、销量、评价）可以直接进行摘录或使用火车采集器、八爪鱼采集器等爬虫采集工具进行采集。例如现在我们常见的生意参谋、京东商智就是使用这个方法进行数据采集的。

网页采集包括Web爬虫和应用程序编程接口（Application Programming Interface，API）。

Web 爬虫主要用于HTML网页文本和图片数据的采集，需要运营人员具备一定的编程基础，可利用编程进行统一资源定位符（Uniform Resource Locator，URL）打开、HTML文件获取、HTML文件解析及数据提取等操作。Web 爬虫主要分为通用网络爬虫和聚焦网络爬虫。通用网络爬虫从互联网中搜集网页，采集信息，这些网页信息用于为搜索引擎建立索引提供支持，它决定整个引擎系统的内容是否丰富，信息是否即时，因此其性能的优劣直接影响搜索引擎的效果。聚焦网络爬虫是指有选择性地爬行那些与预先定义好的主题相关的页面的网络爬虫。与通用网络爬虫相比，聚焦网络爬虫只需要爬行与主题相关的页面，极大地节省了硬件和网络资源，保存的页面也由于数量少而更新快；聚焦网络爬虫还可以很好地满足一些特定人群对特定领域信息的需求。

聚焦网络爬虫和通用网络爬虫相比，增加了链接评价模块和内容评价模块。聚焦网络爬虫爬行策略实现的关键是评价页面内容和链接的重要性，采用不同的方法计算出的重要性不同，由此导致链接的访问顺序也不同。

尽管可以通过网络爬虫的一些改进技术实现各类网络数据的采集，但网络爬虫获取的往往是整个页面的数据，缺乏针对性。利用网站自身提供的API实现网络数据采集即调用网站API，可以很好地解决数据针对性的问题。越来越多的社会化媒体网站推出了开放平台，提供丰富的API，如Twitter、微博、微信等。这些平台中包含了许多关于"电子商务"的话题、评论和图片等，它们允许用户申请平台数据的采集权限，并提供相应的API接口，允许采集数据。

7．第三方统计平台采集

第三方统计平台的分类如表3-3所示。

表3-3　第三方统计平台的分类

采集技术手段	平台名称	采集的数据类型	操作的复杂程度	采集的数据质量
无埋点（嵌入SDK）	百度统计等	前端数据	简单且免费	数据较粗糙
有埋点（自己写代码）	神策数据等	前后端数据均可	操作较复杂	数据更细致
有埋点+无埋点	数极客等	前后端数据均可	既有引导又有自由度	数据更细致

（1）数据埋点采集

数据埋点采集是一种良好的私人化部署数据采集方式，需要在用户企业的网页或者客户端内写入相应的代码。一般通过数据埋点捕捉到的数据有以下3层。

第一层是基础层，如统计活跃用户量、新增注册用户数等前端数据。

第二层是页面统计。其本质是监控页面加载的行为，可以帮助数据分析人员了解某个页面被访问的人数与次数。除此之外，它还可以监控用户在某个页面的停留时长，这对统计诸如微博、朋友圈等追求停留时长的信息流商品页面信息具有非常重要的意义。

第三层是行为统计，通常也被称为"事件统计"。以App为例，一般可以将App网络架构分为4个层级，表层是表现层，其次是手机层，然后是服务器层，底层是数据表层和日志层。数据埋点场景发生在表现层中，其作用是监控用户在表现层产生的行为，即用户对界面的操作。对用户交互界面响应事件的捕捉，可以帮助数据分析人员了解某个按钮的点击量及其对应的点击率。

（2）无埋点的第三方统计平台采集——百度统计等

以百度统计、友盟+、TalkingData等为代表的无埋点的第三方统计平台在进行数据采集时，通过嵌入相关的软件开发工具包（Software Development Kit，SDK），利用其前端技术进行用户数据统计。这种无埋点的方式操作简便且免费，因此普及率较高，但通过SDK只能采集到前端数据，即只能采集到一些诸如网站访问量、活跃用户量、新增注册用户数等宏观的基础数据。

另外，即使是对前端数据，这种无埋点的采集方式也只是粗粒度的。例如，对提交订单的操作，订单的运费、成本价格、折扣情况等维度的信息均没有采集，最后只采集了"提交"这一个行为类型。那么，如果要做与订单相关的深度分析，如用户渠道转化、留存、多维度交叉分析等，通过以上方式就很难实现。

（3）有埋点的第三方统计平台采集——神策数据等

为了满足现在电商企业要求的颗粒度更细、更为全面的数据，以及实时的统计分析需求，市场上出现了许多数据采集和分析服务商，例如以神策数据为代表的有埋点的数据统计平台。它们除了能够提供用户基本属性信息、访问渠道等数据，还可以根据企业的需求对用户的行为进行更为细致的数据采集。

有埋点技术需要自己编写代码，操作过程相对复杂，但其对前后端的数据均可采集。例如，当用户提交了一个订单时，有埋点技术不仅可以采集到提交订单这一行为事件，还可以获取该订单的具体商品类别信息。相比无埋点技术，有埋点技术采集的数据更细致。但是，有埋点技术也存在不足，因为目前大多数企业在采集数据前缺少科学的规划，大多在提出一个需求之后再写入代码，这很容易造成整个埋点铺设混乱，后期容易出现故障。

（4）有埋点+无埋点的第三方统计平台采集——数极客等

还有一种以数极客为代表的，同时支持有埋点和无埋点两种方式采集数据的第三方统计平台。目前，数极客已经能够采集上百个维度的数据，它处在有埋点和无埋点两者之间，既给了用户一定的自由度，也没有忽略对用户的引导。当然，通过这种方式采集的数据也是更加细致的。

【项目小结】

任务一主要介绍了数据采集渠道及工具选择，读者需要重点理解与掌握常用的数据采集渠道，在选择数据采集工具时也应注意工具的适用范围、数据类型及功能需求。

任务二带领读者学习数据采集的各类方法，引领读者充分认识在大数据时代，商务数据采集是最基础也是最关键的工作。通过对大数据高度自动化的采集和处理，企业可以调整市场政策、减少风险、理性面对市场，并做出正确的决策。

项目四

网络调查数据采集

职业能力目标

随着互联网的快速发展，大数据分析的出现，网络调查成为市场调查的主要方式，也极大地促进了统计工作的发展。通过项目四的学习，读者可以了解网络调查在组织实施、信息采集、问卷设计、数据处理等方面具有鲜明的优势，并学会结合工作与生活的实际，设计网络调查方案，实现数据采集和研究的目的。

任务一 设计网络调查方案

【典型工作任务】

现在，网络和电子设备的发展与普及极大地方便了人们的生产和生活。例如，对于大学生而言，上网也是每日生活的常态，学校老师想对大学生的上网情况进行调查问卷，旨在了解现在学生上网的普遍情况，从而为相关部门实施相应策略提供帮助。

【任务思考】

对于这种情况调查，该怎么设计问卷调查方案呢？具体的问卷内容有哪些？调查过程中应注意哪些问题？

接下来我们介绍网络调查的具体内容和方法。

一、什么是网络调查

随着信息技术的发展，计算机和网络在人们的工作与生活中发挥着越来越重要的作用，于是，在传统的面对面的调查中衍生出一个新兴的网络市场调查。这种通过网络的调查方式可以扩大调查的人群及地域，让更多的人能够参与到调查活动中来，既节省了人力、物力，还能够使该调查数据更符合现今的市场状况。

（一）网络调查的定义

网络调查是基于在线网络、计算机通信和数据交换等媒介，通过计算机网络大范围地传播问卷调查，在规定的时间之内，询问每一个受访者，然后通过咨询、预定程序，对受访者的答案进行回收统计，达到研究的目的。

网络调查开始出现在20世纪90年代，随着网民数量的增加，网络调查的作用也越来越明显。互联网用户的快速发展为网络调查的可行性奠定了基础。随着Web的飞速发展，传统的调查方式（如入户调查和街头随时访问等）逐渐落伍，越来越多的调查者开始采用网络调查的方式进行调查。与传统调查方法相比，网络调查更加方便快捷、省时省心。

传统调查法与网络调查法的情况对比如表4-1所示。

表4-1 传统调查法与网络调查法的情况对比

调查方法	传统调查法		网络调查法		
	面谈法	电话法	邮寄法	电子问卷法	网上实时调查法
调查范围	较窄	较窄	较广	较广	广
人力资源	较多	较少	少	较少	较少
时间	长	较短	较长	短	很短
成本	高	高	较低	低	低
数据输入	易出错	易出错	易出错	无此问题	无此问题

（二）网络调查的特点

网络调查法与传统调查法相比具有明显的优势，无论是在发布问卷和收集问卷的过程中，还是在数据统计处理等方面，网络调查都比较简单明了、节省时间。这些优势为接下来的数据分析工作奠定了一定的数据基础。接下来将具体介绍网络调查的优势和局限性。

1．网络调查的优势

（1）过程简单化。在组织实施调查的过程中，网络调查不再需要专门的多个人员去收集调查问卷，不受天气和距离的限制与影响，无须打印问卷；调查过程中最烦琐、最重要的信息收集和录入工作是在用户终端上进行的，可以完成比较精确的统计数据。网络调查消除了数据录入时的数据丢失和录入错误，无须间歇地收集调查资料和进行信息验证与信息处理，无须进行人工操作，所有这些操作都可以由计算机自动完成。

（2）调查结果的可靠性和客观性较高。一是被调查者完全是在自愿的情况下参加调查的，并没有其他人员胁迫，所以网络调查法相比传统调查法更具有专向性。二是被调查者完全参与调查，并且处于完全独立的环境中，不易受到调查人员的误导，也没有其他外部因素的干扰，这能够有效地提升调查结果的客观性。

（3）广泛传播且速度快。网络调查使调查人员能够以最快的速度收回问卷并获取数据信息，同时，网络调查也可以设计多种样式的调查问卷，例如可以用纯文字叙述，可以用图形代替文字描述，可以用计算机辅助通过下拉菜单的方式或者选用其他方法进行阐述，这样被调查者就可以用简单易懂的方式选择答案，从而快速提升调查结果的准确性。

（4）有效的质量控制。第一，网络调查可以有效地规范调查问卷的指标，有助于消除对指标认识的不明确性或不一致的解释，同时消除上述因素对结果产生的误差。第二，在制作调查问卷之前，可以先设定所需的检查条件，然后再考虑怎样控制调查问卷，最后通过计算机辅助工具自动生成调查问卷，可以对问卷保持客观公正的检查和控制。第三，通过身份认证技术筛选被调查者，可以有效防止信息收集过程中的欺诈行为。

（5）没有时间和空间的限制。这与传统的调查方法截然不同，因为后者会受到区域限制。例如，网络调查可以将一个问卷网址发给不同地域的被调查者，只要有网络就可以完成。另外，网络调查也没有时差限制，可以全天候进行。

（6）调查周期短。网络传输速度非常快，网络信息能够快速地传送给连接上网的任何网络用户，所有参与网络调查的对象都可以及时看到，这就保证了网络调查的共享性，从而缩短了调查周期。传统的调查工作方式需要花费大量人力，周期比较长。而网络调查更有效率，避免了传统调查方式的缺点。例如进行大学生就业观念网络调查，通过发布网络调查问卷就可实现广泛传播且快速收集调查结果的目的，如图4-1所示。

2．网络调查的局限性

（1）网络调查缺乏代表性。网络调查的调查范围虽然很广泛，但是由于一些其他因素，如受上网人群的制约、网络环境的制约、调查环境的制约等，调查的代表性很难保证。网络调查是以计算机普及为前提的，它的被调查者必须具备上网的设施和上网填答问卷的能力。人们可能根据调查的主题、娱乐性或者调查的其他特性而做出参与调查的决定，也可能干脆不理睬，所以调查的样本不够随机客观。

大学生就业观念调查问卷

我们非常需要您的意见与建议，从而可以更好地为您服务。为了能使我们更准确地理解您的意见和建议，更好地建设我们共同的网上家园，真诚地希望您能给我们准确、认真、如实、完整的信息反馈，非常感谢您填写我们的问卷!

1. 您的性别：

2. 您目前的专业

3. 若您是在校大学生，您预计自己毕业时第一份工作的起薪是多少?

□ 1000 元以下

□ 1000～2000 元

□ 2000～3000 元

□ 3000 元以上

4. 您在上大学期间是否规划过您的就业目标?

□ 是

□ 否

图4-1 大学生就业观念网络调查问卷

（2）网络调查的抽样误差问题。抽样误差是指在一个抽样框中多次进行个体选择时，会发现各个样本之间必然存在差异。如果你在网上放一份网络问卷进行调查，由被调查者自己选择回答与否，那么可能会出现很多问题。例如，有可能 1 个人多次重复填写同一份问卷，或被调查者不符合这次调查的要求等，而这些问题是调查人员无法控制的。这样就不能很好地杜绝虚假或作废的调查问卷的出现，调查结果的质量就会受到影响。

（3）网络调查的安全性和准确性。网络自身的不安全因素也时刻威胁着调查工作的正常进行，如现在黑客和病毒的非法入侵，使调查问卷遭到篡改，或造成数据泄密等损失。对于一些敏感性的问题，被调查者认为网络不安全会拒绝回答，从而在一定程度上影响了调查结果的真实性和准确性。

二、设计网络调查方案的方式和步骤

在实施网络调查前，科学设计调查方案是保证调查工作顺利进行的前提，对于网络调查这种技术要求较高的调查来说，调查方案的设计显得尤为重要，合理有效的方案设计可以使网络调查得到更好的结果。

（一）网络调查的方式

1. 网上在线座谈会（Online Symposium）

网上在线座谈会比传统的面对面座谈会费用低，调查者将会快速得到所需要的信息和被调查者的反应，并且可以方便接触一些传统座谈会难以接触的人群。除此之外，网上在线座谈会没有地域限制，调查者与被调查者可以在不同的地点同时讨论问题。这让双方沟通更方便，也会让调查者收集到更多的信息。

网上在线座谈会的局限性和注意事项如下。

（1）不适合市场调查中需要与会者接触产品或尝试产品的项目，如口味测试。

（2）主持人可能会看不到与会者的详细表情反应和肢体语言，这在一定程度上影响研究人员的分析。

（3）打字速度快的与会者会占有回答的优势，主持人要适当控制回答的时间和人数。

2．电子邮件调查（E-mail Survey）

想象过在5天之内完成全国10城市共5 000个样本的访问，并且获得初步的统计数据吗？你一定以为是不可能的。采用电子邮件调查就可以做到。与传统的入户、街访、面访及邮件访问等方式相比，电子邮件调查具有费用低廉、速度更快、易于控制的优势。同时，调查机构可以利用互联网更加方便地接触到一些采用传统方式难以接触到的人群。这种优势在样本数量大、访问地域广的情况下，表现得更加明显。它不会像传统调查那样，实地调查的成本随样本数量大、访问地域广而成倍增长。电子邮件调查不仅可以使用户更快地获得数据，还能够帮助调查者加强对项目的监控，方便调查者根据实际情况对项目进行调整，并随时随地地查询项目的进展情况，做好后续安排。图4-2所示为天猫超市对用户进行的水果满意度电子邮件调查，能够不受时间和地域的限制，快速定位用户群体，实现数据的采集和整理。

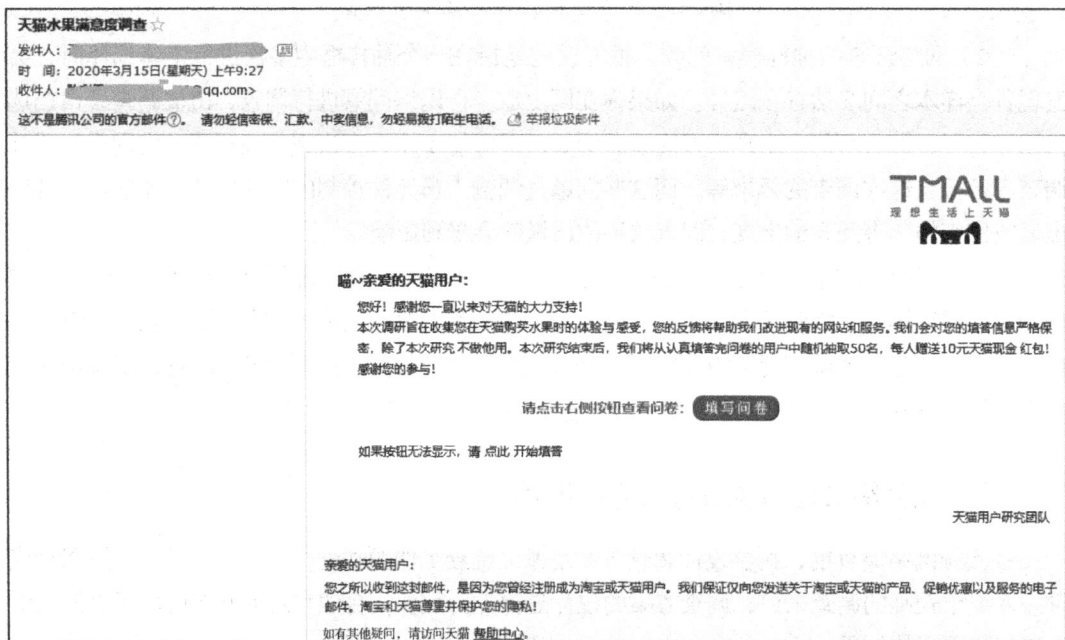

图4-2　天猫超市水果满意度电子邮件调查

电子邮件调查的局限性和注意事项如下。

（1）被调查者局限在拥有电子邮箱的人群。

（2）电子问卷一般不宜太长，也不宜有太多复杂的逻辑主观问题。

3．网页调查（Web Based Survey）

网页调查与电子邮件调查是两种相似的访问方式，有关网页形式调查的优势、局限性及注意事项可以参考上述内容。网页调查可以在网上随机弹出调查问卷，在人流最大或符合特定条件的网站上，在用户的屏幕上弹出简单的访问邀请通知，并附上邀请其到调查机构特定的网上平台接受访问的网址。此外，网页调查也可以采用自助式市场研究来进行，这一方法完全改变了传统的市场研究方法，使市场研究更加透明和简化，用户更有自主性。虽然自助式市场研究方法不能完全代替传统的市场研究方法，但它可以把一些传统的市场研究方法，运用于专业市场研究公司提供的自助式市场研究平台上，以实现调查的目的。图4-3所示为中国游客海外形象的网页调查问卷，其充分简化了市场研究的步骤，使被调查群体更具自主权。

图4-3 中国游客海外形象的网页调查问卷

（二）网络调查的样本

网络调查样本可以分为以下三类。

1．随意样本

随意样本是指随机抽取数据组成的样本，表现为网上的任何人都能填写问卷，即总体中的每个个体都有同等的机会被选中。如果研究者从电话号码簿中以随机的方式（如使用随机数字表）抽取样本，则可以保证所抽出的号码是电话号码簿中所列出所有号码的随机样本。概率定律确保在一定的误差范围内，一个足够大且真实的随机样本是总体的代表，它将包括与总体大致相同比例的如女性、少数民族、已婚者和老年人等。

2．过滤性样本

过滤性样本是指根据过滤条件筛选出的样本，表现为通过对期望样本的特征限制，挑选一些不具代表性的样本。这些特征通常是一些统计特征，如性别、地理区域位置、年龄、收入，对于过滤性样本的使用与随意样本基本上类似。过滤性样本通常以分支或跳答的形式安排问卷，以确定被选者是否适宜回答全部问题。有些网络调查根据过滤性问题对被调查者进行分类，确定其所属类别；然后根据被调查者不同的类别提供相应的问卷。

还有另外一种过滤性样本调查的方式，采用这种方式时，调研者创建样本收藏室，将填写过分类问卷的被调查者进行分类重置。最初问卷的信息用于被调查者分析，被调查者按照专门的要求被分类，而只有那些符合统计要求的被调查者，才能填写适合该类特殊群体的问卷。

3．选择样本

选择样本用于对样本进行更多限制的目标群体。被调查者均通过电话、邮寄、E-mail或其他方式对样本进行补充完善。当认定符合标准后，调查者才向他们发送E-mail问卷或直接将他们引到与问卷连接的站点。在站点中，通常使用密码账号来确认已经被认定的样本。因为样本组是已知的，所以可以对问卷的完成情况进行监视或督促未完成问卷，以提高回答率。

（三）网络调查的步骤

1．确定目标群体

确定目标群体主要看网民中是否存在被调查群体，规模有多大。

2．设计调查问卷

在提问题之前应说明调查的目的、意义等，主要目的是引起被调查者的重视和兴趣，争取他们的积极支持与合作。在确定调查目标群体的基础上，应充分考虑被调查者的特征和心理特点，达到调查的目的。一份完整的网上调查问卷通常包括标题语、问题指导语、问卷主体以及结束语。

3．选择调查方式

网络调查采取较多的方法是被动调查方法，即将调查问卷放到网站上等待被调查者自行访问和接受调查。调查者可以通过发送电子邮件的方式进行调查，也可以利用自己或借助别人访问率高的网站发布调查问卷。因此，吸引访问者参与调查是关键，为了提高受众参与的积极性，可提供免费礼品等。另外，必须向被调查者承诺并且做到有关个人隐私的任何信息不会被泄露。

4．分析调查结果，撰写调查报告

这一步骤是网络调查能否发挥作用的关键，与传统调查的结果分析类似，也要尽量排除不合格的问卷。这就需要对回收的大量问卷进行综合分析和论证，包括有些被调查者没有完成全部问卷的情况，造成这种情况的原因是厌烦、断线还是其他，对此都要进行具体的分析和总结。撰写调查报告是网络调查的最后一步，调查报告也是调查成果的体现。形成书面或电子报告主要是在分析调查结果的基础上对调查的数据进行系统的说明，并对有关结论进行探讨性的说明。

（四）网络调查需注意的问题

1．采用科学的抽样技术

概率抽样是网络调查常用的抽样方法，是基于互联网协议（Internet Protocol，IP）地址的随机抽样，即随机IP自动拨叫技术。由于在互联网上，每台计算机的IP地址是唯一的，因此可以利用随机IP发生软件，产生一批随机IP，再由一个IP自动拨叫软件向这些IP发出呼叫，向被调查者传送参与调查的信息。收到该信息的网络用户可以按照意愿决定是否参加调查。如果遇到多个终端使用一个代理服务器上网的局域网用户（可能只用一个IP地址），可使用"IP 地址+其他特征值"进行抽样，这样也可以解决覆盖率问题和样本随机性问题。

2．正确地界定目标总体和抽样

在设计调查方案时，应考虑如何根据不同的调查要求正确界定目标总体。在概率抽样调查中，可以将研究的目标总体界定在"网民"范围内，抽样框的样本也可以划分为全体上网用户和特定的上网用户。特定的上网用户主要是指那些特定组织的成员，如某个网站的会员、在网上购买某产品的用户等。将所有的进入网站者作为目标总体，根据统计结果进行一般性的估计，得到一个大概的结论，这样就基本解决了抽样框的样本代表性问题。还可以建立和健全抽样数据库，在进行某项网络调查时，根据数据库中的某项特征值进行抽样，分发问卷到各个被调查者手中，这样可以使抽样框尽可能与目标总体相接近，从而减少调查中的抽样框误差。

3．增强网民参与的积极性

被调查者的积极性对于网络调查是十分重要的，所以调查者在组织网络调查时，可通过一定的可行方式来增强被调查者参与的积极性。增强调查问卷的吸引力，增强调查问卷的美观性和趣味性，在沟通技巧上从被调查者的角度出发，以期引起被调查者的共鸣；在设计语言上应避免专业化倾向导致回答难度增大，这些都将吸引更多的被调查者参与调查。增强被调查者配合的积极性，要正确看待和估计调查对象在心理上可能产生的反应，努力取得他们的信任和配合，提高回答率，及时跟进、反馈调查结果，使被调查者体会到参与的乐趣。

4．加强网络调查的安全性

网络调查得以实施的前提是要保证调查数据的安全性，而现阶段的网络安全性有待提高，因此要进一步开发身份识别技术和网络信息安全保障技术。要预防黑客盗取资料，如开发加密技术，这样不仅可以保证用户资料和服务器资料不会受到黑客的非法盗取，也不会干扰正常的调查工作。还可以安装网络监视机，实时阻断正在进行的网络攻击，记录黑客事件。通过综合运用包过滤、电路网关等方法加强防火墙功能，进一步加强病毒防治工作，有效保障网络安全。

任务二 设计网络调查问卷

【典型工作任务】

随着科技的进步，网络的发展也日新月异，加入网络的人更是数不胜数，网络已经成为我们工作和生活的一部分。在互联网中，有来自不同地区，具有不同文化背景、不同年龄、不同爱好、不同学历等众多的人。就电子商务的发展而言，这些人往往是消费的主导者，足以影响整个电商时代的潮流，那么网络上的"您"便成为一个极优的、可利用的消费咨询资源。

【任务思考】

在网上购物的大环境下，网络购物现状调查旨在为电商企业在销售、宣传和用户拓展等方面提供参考性的意见。那我们该如何进行市场调查？该怎样设计调查问卷呢？

一、网络调查问卷的定义

（一）调查问卷

调查问卷又称调查表或询问表，是以问题的形式系统地记载调查内容的一种问卷。问卷可以是表格式、卡片式或簿记式。设计问卷是询问调查的关键。完美的问卷必须具备两个功能，即能将问题传达给被调查者和使被调查者乐于回答。要实现这两个功能，设计调查问卷时应当遵循一定的原则和程序，运用一定的技巧。

（二）网络调查问卷

网络调查问卷即调查公司、单位或个人通过网络的方式邀请被调查者回答问题以获取相关市场信息的问卷，属于在线调查的一种。被调查者参加此种调查通常需要几分钟到几十分钟。

二、设计网络调查问卷的原则

（1）明确主题和目的。根据主题，从实际出发拟题，使问题目的明确，重点突出，没有可有可无的问题。无论我们做什么事，实现目的很重要，调查问卷的设计亦是如此。在设计时，我们要考虑好为什么要进行调查、具体调查哪些内容、通过什么方式进行调查。

（2）明确目标群体。问卷的问题一般都是针对特定群体的，所以在设计时要做到有的放矢，充分考虑到被调查人群的基本情况，包括文化水平、年龄段和工作性质等，还包括被调查者的地域分布情况。

（3）结构合理、逻辑性强。问题的排列应有一定的逻辑顺序，符合被调查者的思维习惯，一般应按照先易后难、先简后繁、先具体后抽象的顺序。

（4）通俗易懂。问卷的设计应考虑被调查者的特征及心理特点，问卷内容要使被调查者一目了然，问卷语言要精练，措辞要得体，并使被调查者愿意如实回答问题。问题设计应简洁易懂，定义清楚，应尽量采取选择题的方式。问卷应符合被调查者的理解能力和认识能力，避免使用专业术语。对敏感性问题应采取一定的调查技巧，使问卷具有合理性和可答性，避免主观性和暗示性，以免答案失真。图4-4所示的网上调查问卷系统，问题设置言简意赅，界面清晰，能促使被调查者如实完成调查问卷。

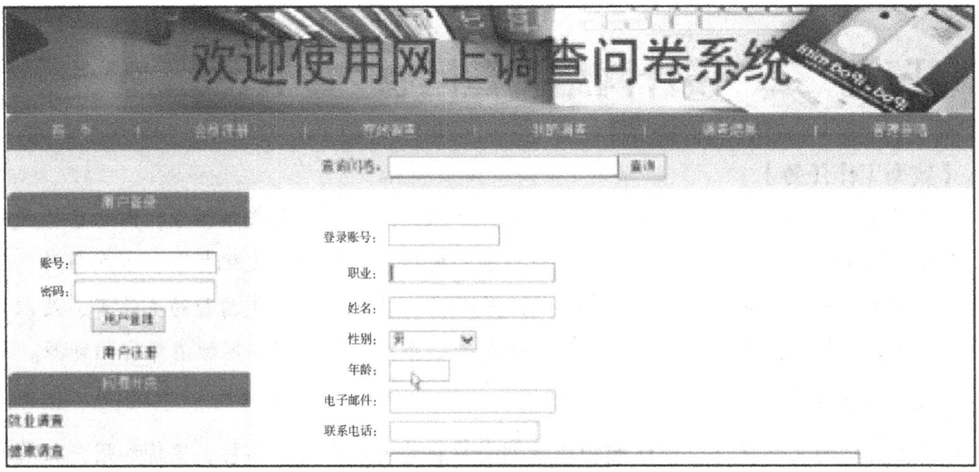

图4-4　网上调查问卷系统

（5）控制问卷的长度。回答问卷的时间应控制在15分钟左右，问卷中既不浪费一个问句，也不遗漏一个陈述句。

（6）便于资料的校验、整理和后期统计。这也就要求问卷在设计过程中不要过于繁杂，如果确实需要更多的变量或更多的数据，可以把一份问卷分成两份，这对于后期的数据统计和分析工作来说，会更加易于操作。

三、设计网络调查问卷的步骤

一个好的调查问卷可以提高应答率，这就需要对每一个部分都进行精心设计。那么怎样才能设计出一份优秀的调查问卷呢？具体要把握好以下几点。

（一）标题语

标题语说明由谁执行此项调查，明确调查的内容和目的。其主要功能是使被调查者感到正在进行的调查项目是合理、合法的，是值得他们花费时间和精力来认真配合完成的。标题语虽然不是问卷的主体部分，但它的作用不容忽视，即消除顾虑、取得被调查者的信任，所以要注上明确的单位名称、地址、联系电话或网址。图4-5所示为某网络购物调查问卷。

网络购物调查问卷

尊敬的先生/女士：
　　您好！
　　首先感谢您在百忙之中抽出宝贵的时间填写这份问卷，您的帮助将为我们的研究提供非常有利的支持。
　　本次调查的目的是了解您对目前网络购物的看法和态度，所收集的信息只用于学术研究，不参与任何商业活动。我们将对您提供的数据予以保密，请根据您的真实想法进行填写。
　　谢谢！

　　　　　　　　　　　　　　　　　　　　　　　××财经大学统计系

图4-5　某网络购物调查问卷

（二）问题指导语（填表说明）

问题指导语是向被调查者解释怎样以及如何正确填写问卷的语句。

（三）问卷主体

问卷的主体包括问题和备选答案，是问卷的核心部分。问题的类型可以分为开放型和封闭型。网络调查中有的在线问卷特别是E-mail问卷多采用封闭型问卷，即在提出问题的同时，给出备选的答案。封闭型问卷的优势非常明显，即节省时间、回收率较高、资料便于统计处理和进行定量的分析。仍以网络购物市场调查为例，如表4-2所示，对网络购物中存在的风险种类和危害程度进行调查，并提供备选的风险等级答案，有助于被调查者快速作答。

表4-2　网络购物市场风险程度调查

您认为，下面的风险在网络购物中有多大的危害程度？

风险种类	风险没有或风险非常小	风险程度一般	风险非常大
个人在网站中的注册信息出现泄露	1□	2□	3□
登录的购物网站是骗取个人信息和钱物的虚假网站	1□	2□	3□

续表

风险种类	风险没有或风险非常小	风险程度一般	风险非常大
网站承诺的服务项目不是真实存在的	1□	2□	3□
网络中展示的商品信息是虚假的	1□	2□	3□
在买卖过程中涉及的信息被泄露	1□	2□	3□
顾客交付的货款出现丢失	1□	2□	3□

（四）结束语

结束语用于对参与者表示感谢，要做到言辞诚恳、亲切，并对填写信息的安全性进行再次说明。

调查者可以登录问卷制作网站进行注册，便可设计填写问卷，具体的问卷页面设计和操作流程如图4-6所示。

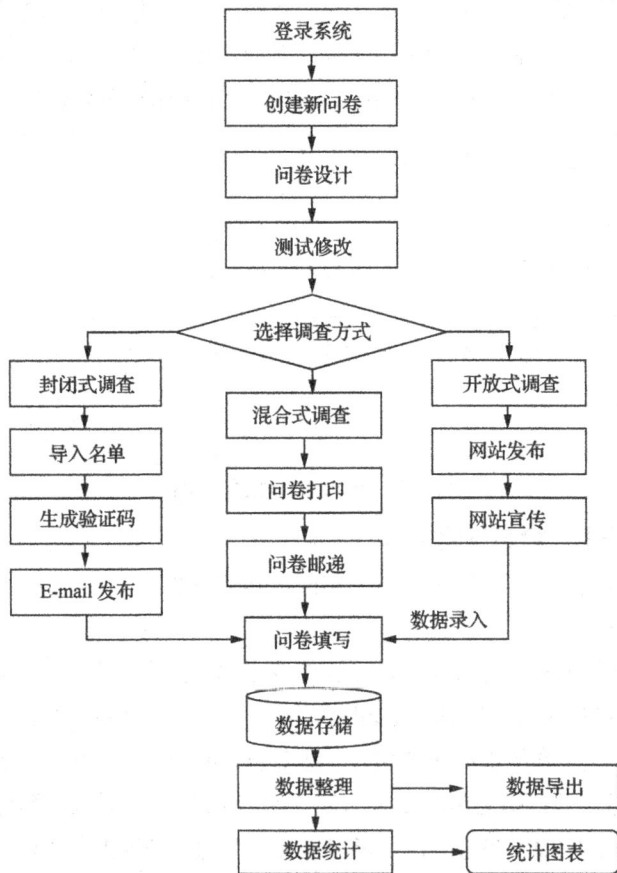

图4-6　问卷页面设计和操作流程

由于互联网交互机制的特点，网络调查可以采用一种传统调查无法实施的方式，即调查问卷分层设计。这种方式适合过滤性的调查活动，因为有些特定问题只限于一部分被调查者，所以可以借助层次的过滤寻找适合的被调查者。

与传统调查不同，网络调查表应设计得尽量简单、易答。一般网络调查不适用于较复杂的项目，需要考虑网民的耐心程度，所以调查问卷应设计成让被调查者能在10～15分钟内答完为宜，除了特殊的问题需要被调查者录入文字来回答，应尽可能让被调查者通过单击鼠标来选择。

四、网络调查问卷的收集

在设计好网络调查问卷后，要从目标人群中选择调查样本。基于抽样方式的网络调查样本的选择方式有便利抽样和概率抽样。便利抽样有无限制式网络问卷调查的抽样、网站浏览者的系统抽样、志愿者组成的固定样本；概率抽样的样本可以选自一个封闭的人群名单，选自一般人群或预先招募的固定样本。由于便利抽样所需要的时间和工作量要比概率抽样少得多，其成本一般较低，因此，目前大多数网络调查所采取的抽样方式是便利抽样，但它不适用于总体与部分人群之间的关系估算。

在调查实施过程中，调查者通过部分已知被调查者的 E-mail，向其发放参与邀请函，邀请函内容包括调查的介绍、网络问卷的统一资源定位器（Uniform Resource Location，URL）和奖励措施等。被调查者访问网站填写完问卷后，网站自动将数据记录到后台数据库中，进行简单的数据分析，形象化地呈现调查结果。

在自填式问卷中，无论是纸质问卷还是网络问卷，都完全依赖于通过文字和视觉信息来向被调查者提供信息。在网络问卷调查中，随着网络问卷多媒体功能的增强，视觉因素对被调查者问卷反馈率的影响越来越重要。

网络问卷的设计及调查的实施过程如图4-7所示。

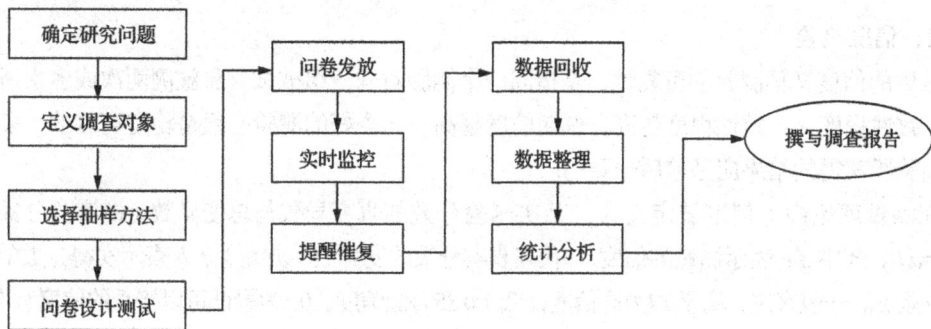

图4-7　网络问卷的设计及调查的实施过程

任务三　处理与分析问卷数据

【典型工作任务】

以我们在任务二中提到的工作任务为例，通过对网络购物现状的问卷调查，利用多个统计分析方法得到关于每个调查项目的分析结果，从统计学和管理学的角度为电商企业提供网络购物人群分布、购物商品种类、网络人群对网络购物风险的感知程度和用户忠诚度等方面的信息，从而为企业在宣传、销售和市场发展等方面提供全面、有效的帮助。

【任务思考】

当我们完成问卷回收后，对于网络调查问卷的数据，我们该如何处理和分析呢？需要注意哪些事项呢？

一、问卷数据的预处理

在基于问卷的数据收集过程中，对参与者提供的统计数据进行预处理是提升数据质量的重要阶段。根据处理对象的特点及每一步的目标，统计数据预处理可采用的方法包括缺失值处理、异常值处理、信度与效度检验、编制统计图表等。选用恰当的方法开展统计数据预处理，有利于保证数据分析结论真实有效。

（一）缺失值处理

在问卷调查过程中，回收的数据大部分存在某些问题无回答的情况。数据的缺失值机制包括三种：完全随机缺失（Missing Completely At Random，MCAR）、随机缺失（Missing At Random，MAR）与非随机缺失（Not Missing At Random，NMAR）。

（二）异常值处理

异常值是指一批数据中有部分数据与整体中其他数据相比存在明显的不一致，也称为异常数据，或称离群值。

异常值的出现可能是记录错误引起的，也可能是由于该数据值不属于这个数据集。异常值是影响统计数据质量的一个非常重要的因素。异常值的存在使统计分析的误差大大增加，小则出现差错，大则可能发生事故，甚至可能导致严重的宏观决策失误。因此，在利用已得数据进行统计分析之前，必须对异常值进行探测和检验。

（三）信度与效度检验

1. 信度检验

测验的信度又称测验的可靠性，是指同一个测验对同一组被试对象施测两次或多次所得结果的一致性程度，一致性程度越高，说明信度越高。一个好的测验必须是稳定可靠的，多次使用该测验所获得的结果应是前后一致的。

在测量理论中，信度被定义为：某次测验分数的真变异数与总变异数（即实测分数）之比：$c=a/b$。式中，c 表示测量的信度，a 代表真实分数的变异数（方差），b 表示实得分数的变异数（方差）。一般来说，高于0.7为高信度，低于0.35为低信度，0.5为最低可以接受的信度水准。

2. 效度检验

效度是指测量的有效程度或测量的正确性，即一个测验能够测量出所要测量特性的程度。例如，直尺用来测量长度是有效的，而用来测量温度则是无效的。对效度的定义可做如下理解。

任何一种测验只有对一定目的来说才是有效的，测验的效度是对测量结果而言的，即一种测量工具只有经过实际测量，才能根据测量结果判断它的效度，测验的效度是相对的。在测量理论中，效度被定义为：在一系列测量中，与测量目的有关的真变异数（即有效变异）与总变异数之比：$A=B/C$，A 表示测量的效度系数，B 代表有效变异数，C 代表总变异数。

一般测验的效度受测验的信度制约，而且效度系数不会高于信度系数。效度高的测验，信度必定高；但信度高的测验，效度则未必高。

（四）编制统计图表

对于问卷数据，需要进行统计分组和统计汇总、确定各组计算的特征数值、得到反应各组和总体数量特征的指标等工作。接下来就是编制统计图表，将整理的数据资料简洁、系统、形象地表现出来，为下一步数据分析做好准备。

1．数据审核

数据审核是指检查数据收集过程中所取得的原始数据是否有错，包括对于问卷和数据的完整性审核、准确性审核和逻辑性检查等。

（1）完整性审核。这主要是指检查调查单位是否有遗漏、所有的调查项目和问卷题项回答是否完整与合格。

（2）准确性审核。这主要是指检查数据是否真实反映客观的实际，内容与实际情况是否相符。

（3）逻辑性检查。这是指从定性的角度，检查数据是否符合逻辑、内容是否合理、各个题项和答案之间有无相互矛盾的现象。

2．数据筛选

当数据中的错误不能予以纠正，或出现不符合调查数据的质量要求而又无法弥补的数据时，需要选择出合格的问卷和数据。数据筛选是根据需要找出符合特定条件的某类数据。

数据筛选包括：将不符合质量要求的数据或有明显错误的数据予以剔除；将符合某种条件的数据筛选出来，将不符合这种条件的数据过滤掉。数据筛选可以根据研究目的设置好数据筛选条件后，借助于计算机中的数据分析软件自动完成。

3．数据转换

数据转换主要是将数据库中的数据从一种表示形式变为另一种表现形式的过程。这主要是由于随着数据库中数据量的不断增加，原来的数据构架已不合理，不能满足数据分析等各方面的要求。数据转换需要进行数据库的更换和数据结构的更换，从而将数据转换为符合要求的结构和形式。

4．数据验证

数据验证主要是指在动态网站的问卷调查中，为了确保访问者输入信息的有效性及准确性，必须对用户输入的数据加以验证，以保证数据的准确及安全。例如，在会员或用户注册页面上，判断输入的姓名的内容和格式是否正确；在进行日期型数据查询时，判断输入的日期是否正确。

与传统的纸质问卷调查相比，网络问卷调查所收集的数据在录入数据库时，数据库系统会对数据进行自动录入、清理、筛选，所以减少了纸质问卷调查时人工处理数据的过程，大大缩短了调查的时间。

二、问卷数据的分析方法

数据分析是指从数据中提取有价值信息的过程。在这个过程中，需要对数据进行各种处理和归类，只有掌握了正确的数据分类方法和数据处理方式，才能起到事半功倍的效果。下面我们介绍几种常见的数据分析方法。数据分析中可能用到的工具有SQL、Execl、SAS、SPSS等。

（一）描述性数据分析

描述性数据分析（Descriptive Statistical Data Analysis）是指根据样本基本资料的描述，对各变量的次数分配及百分比等进行分析，以了解样本的分布情况。变量一般包括均值、中位数、众数、方差、四分位表、峰度、偏度、频率等。一般数据都可以做描述性分析，如在网络购物现状的问卷调查中，对网络人群年龄分布得到的描述性图表如图4-8所示。

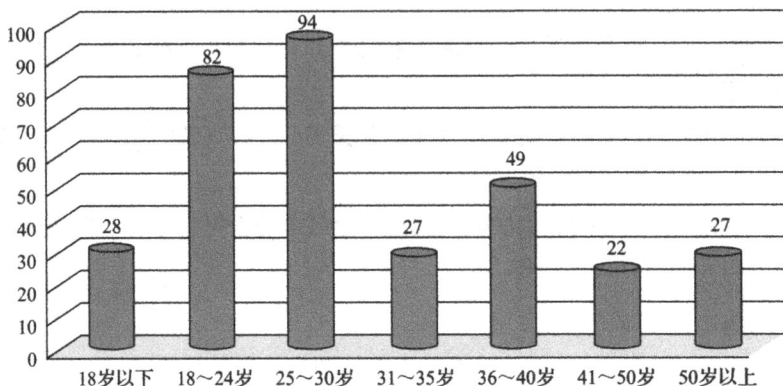

图4-8　网络人群年龄分布描述性图表

例如，在 SPSS 17.0 数据分析软件中进行频率分析的实际操作如下：数据录入完成后，单击一级菜单"分析"按钮，在二级菜单中单击"描述统计"按钮，在三级菜单中单击"频率"按钮，出现图4-9所示的对话框，选择要分析的变量即可得出频率分析结果。

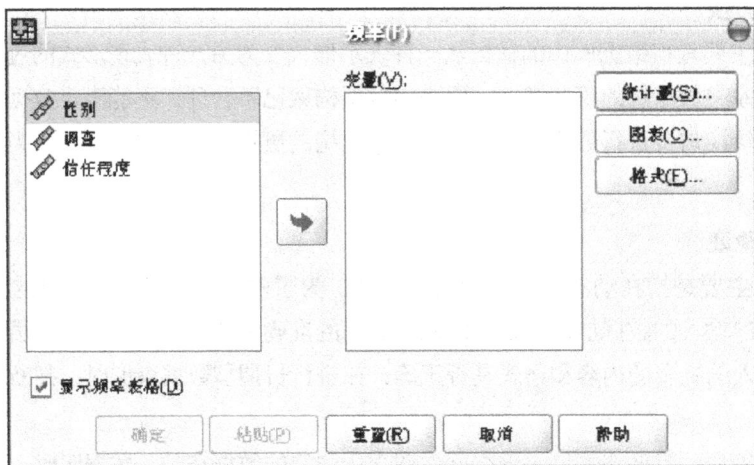

图4-9　SPSS 17.0 数据分析频率对话框

（二）探索性数据分析

探索性数据分析（Exploratory Data Analysis）是指对已有的数据（特别是对通过调查或观察得来的原始数据）在尽量少的先验假定下进行探索，通过绘图、制表、方程拟合、计算特征量等手段探索数据的结构和规律的一种数据分析方法。

当我们对这些数据中的信息没有足够的经验，不知道该用何种传统统计方法进行分析时，采用探索性数据分析就会非常有效。探索性数据分析主要出现在对数据进行初步分析时，因为这时还无法进行常规的统计分析。如果分析者先对数据进行探索性分析，辨析数据的模式与特点，并把它们有序地发掘出来，就能够灵活选择和调整合适的分析模型，并揭示数据相对于常见模型的种种偏离。在此基础上，再采用以显著性检验和置信区间估计为主的统计分析技术，就可以科学评估所观察到的模式或效应的具体情况。

（三）卡方检验

卡方检验（Chi-square Test）是用途很广的一种假设检验方法，它在分类资料统计推断中的应用包括：两个比率或两个构成比比较的卡方检验、多个比率或多个构成比比较的卡方检验以及分类资料的相关分析等。

例如，在SPSS 17.0数据分析软件中进行卡方检验的实际操作如下：数据录入完成后，单击一级菜单"分析"按钮，在二级菜单中单击"描述统计"按钮，在三级菜单中单击"交叉表"按钮，选择要分析的变量，如图4-10所示，单击"统计量"按钮后，选择卡方检验，如图4-11所示，便可以得出所选变量的卡方检验结果。

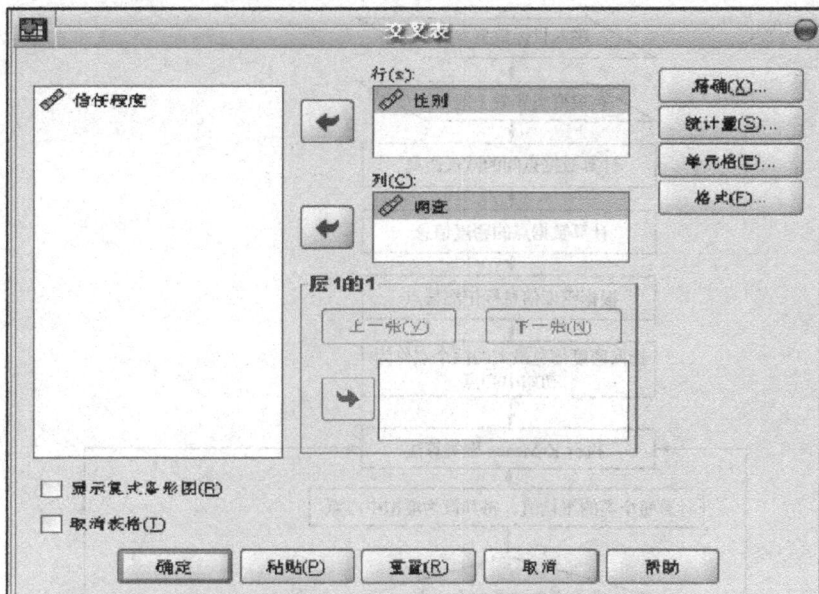

图4-10　SPSS 17.0数据分析交叉表对话框

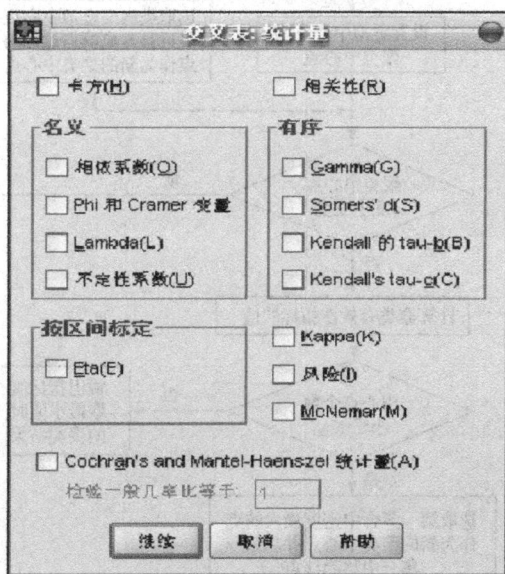

图4-11　SPSS 17.0数据分析统计量及卡方检验对话框

（四）聚类分析

聚类分析（Cluster Analysis）是指将物理对象或抽象对象的集合分组为由类似的对象组成的多个类的分析过程。聚类是将数据分类到不同的类或者簇的过程，所以同一个簇中的对象有很大的相似性，而不同簇间的对象有很大的相异性。聚类分析是一种探索性的分析，在分类的过程中，人们不必事先给出一个分类的标准，聚类分析能够从样本数据出发，自动进行分类。聚类分析所使用方法的不同，常常会得到不同的结论。不同研究者对于同一组数据进行聚类分析，所得到的聚类数未必一致。图4-12所示为聚类分析流程图，可以看到具体的聚类分析过程和不同的聚类结果。

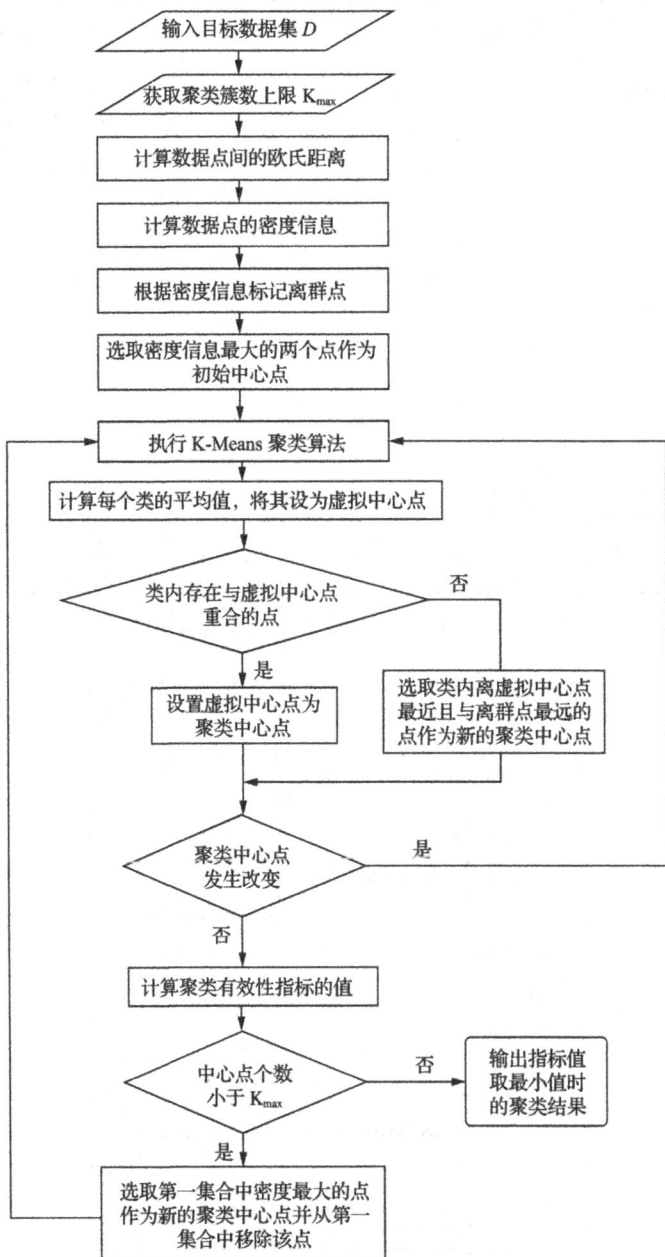

图4-12　聚类分析流程图

聚类是根据数据的内在性质将数据分成一些聚合类，使每一聚合类中的元素尽可能具有相同的特性、不同聚合类之间的特性差别尽可能大的一种分类方式。与分类分析不同，聚类分析划分的类是未知的，因此，聚类分析也称为无指导或无监督的学习。数据聚类是对静态数据进行分析的一门技术，在许多领域得到广泛应用，如机器学习、数据挖掘、模式识别、图像分析等领域。

（五）因子分析

因子分析（Factor Analysis）是指研究从变量群中提取共性因子的统计技术。因子分析就是从大量的数据中寻找内在的联系，减少决策的困难。因子分析的方法有10多种，如重心法、影像分析法、最大似然解、最小平方法、阿尔发抽因法、拉奥典型抽因法等。这些方法本质上大都属于近似方法，是以相关系数矩阵为基础的。不同之处在于相关系数矩阵对角线上的值，采用的是不同的共同性估值。在社会学研究中，因子分析常采用以主成分分析为基础的反覆法。

此外，问卷数据分析中也会用到相关分析（Correlation Analysis），即研究现象之间是否存在某种依存关系，并对具有依存关系的现象探讨其相关方向以及相关程度。相关关系是一种非确定性的关系。

对应分析（Correspondence Analysis）也称关联分析、R-Q型因子分析，通过分析由定性变量构成的交互汇总表来揭示变量间的联系。它可以揭示同一变量的各个类别之间的差异，也可以揭示不同变量各个类别之间的对应关系。对应分析的基本思想是将一个联列表的行和列中各元素的比例结构以点的形式在较低维的空间中表示出来。

回归分析（Regressive Analysis）是指研究一个随机变量（Y，因变量）对另一个（X，自变量）或一组（X_1，$X_2\cdots$，X_k）变量的相依关系的统计分析方法。回归分析主要用于确定两种或两种以上变量间相互依赖的定量关系，运用十分广泛。回归分析按照涉及的自变量的数量，可分为一元回归分析和多元回归分析；按照自变量和因变量之间的关系类型，可分为线性回归分析和非线性回归分析。

方差分析（Variance Analysis）又称"变异数分析"或"F值检验"，用于两个及两个以上样本均数差别的显著性检验。由于各种因素的影响，研究所得的数据呈现波动状。造成波动的原因可分成两类，一类是不可控的随机因素，另一类是研究中施加的对结果形成影响的可控因素。方差分析从观测变量的方差入手，研究诸多控制变量中哪些变量是对观测变量有显著影响的变量。

【项目小结】

任务一详细介绍了网络调查的定义、特点、优势与局限性，以及网络调查方案设计的相关概念、具体步骤与注意事项，帮助读者充分认识网络调查在市场调查中的重要性；通过清晰对比，读者可充分了解不同网络调查方式的优缺点，并学会结合工作与生活实际，选择和设计合理科学的网络调查方案。

任务二帮助读者认识网络调查问卷的相关概念，设计网络调查问卷的原则、具体步骤及问卷的收集。只有熟悉网络调查问卷的设计步骤和原则，读者才能根据实际的市场和研究需要，回收有价值的、有针对性的问卷结果。

任务三介绍了问卷统计数据预处理可采用的方法，同时结合SPSS 17.0数据分析软件，介绍问卷数据结果可采用的多种实际分析方法，通过对比使读者了解不同数据分析法的特点，帮助读者选择与掌握正确的数据分析方法和数据处理方式。网络问卷调查应用于社会生活的方方面面，随着社会和科技的发展也在不断地向前推进。将最新的研究成果正确应用于社会将实现统计研究的最大价值，基于问卷的数据收集与分析的研究对于统计学中数据质量的提升具有重大的意义。

项目五

数据库数据采集

职业能力目标

大数据技术改变了人们原有的生活和工作模式，也改变了人们认识世界和进行价值判断的方式。大多数的互联网应用软件背后都有数据库的存在。数据库是各种软件系统得以运行的基础和前提，在软件系统中处于中心位置，各种用户在使用客户端程序时需要不断地访问这个数据中心，一切需要的信息都要存储到数据库中。以数据库技术为基础的数据管理技术，可以对数据进行有效的收集、加工、分析与处理，以释放更多的数据价值，充分发挥数据的作用。通过项目五的学习，以 Access 2010 版本为基础，读者可以了解数据库的基础内容，学习数据库的设计和应用，进行数据库数据采集的实例分析，为今后应用数据库技术管理信息、更好地利用信息打下基础。

任务 一 认识数据库

【典型工作任务】

某公司是一家领先的专业时装化妆品零售商，通过当地的百货商店、网络及邮购目录业务为用户提供服务。公司希望为用户提供差异化的服务。关于如何定位服务的差异化，该公司通过从网上收集社交信息，更深入地理解化妆品的营销模式。随后该公司认识到必须保留两类有价值的用户：高利润用户和高影响用户，希望让用户接受免费化妆服务，进行口碑宣传。这是交易数据与交互数据的完美结合，为业务挑战提供了解决方案。该公司将交易数据与交易记录在数据库平台上结合起来进行分析，从而在销售哪些商品、如何摆放货品以及何时调整售价上给出意见。此类方法已经帮助该公司减少了17%的存货，同时在保持市场份额的前提下，增加了高利润率自有品牌商品的比例。

【任务思考】

上述工作任务就是数据库在零售业上的典型应用。数据库的存在与我们的日常工作和生活密切相关，如图5-1所示，每个应用程序里都包含着独特的数据库，为用户提供数据支撑和反馈结果。那么到底什么是数据库？数据库的系统组成特点是什么？数据库管理系统有哪些？接下来我们一起学习和探讨。

图5-1 包含不同数据库的应用程序

一、数据库的基本概念

数据库技术是计算机学科的一个重要分支，在数据管理与挖掘、人工智能、专家系统和信息管理等领域有着广泛的应用，是各类计算机信息系统的核心技术和重要基础，所有与数据信息有关的业务及应用系统都需要数据库技术的支持。数据库知识也是当今大学生信息素养的重要组成部分。

1. 数据

数据（Data）是数据库中存储的基本对象。大多数人对数据的印象就是数字。其实数字只是最简单的一种数据，是对数据的一种传统和狭义的描述。从广义的角度来理解，数据的种类有很多，如文字、图形、图像、声音、学生的档案记录、货运的运输情况等。描述事物的符号可以是数字，也可以是文字、图像、图形、声音、语言等。数据有多种表现形式，它们都可以经过数字化处理后存入计算机。

例如，在学生的期末成绩单中，描述学生成绩的记录如表5-1所示，主要是以数字来反映数据的。

表5-1　学生八年级期末考试成绩

	A	B	C	D	E	F	G	H	I	J	K	L	M
1	八年级期末考试成绩表												
2	学籍编号	班级	姓名	语文	数学	英语	政治	物理	地理	历史	生物	总分	平均分
3	270220	4	学生220	51	85	65	58	58	90	82	57	546	68.25
4	270247	2	学生247	71	54	71	76	76	85	52	74	551	68.88

数据和语义是密不可分的，数据本身不能表达准确的事物，可以用语义来解释。

2. 数据库

简单地说，数据库（Data Base，DB）是结构化数据的集合。严格地讲，数据库是长期储存在计算机内、有组织的、可共享的大量数据的集合。数据库中的数据按照一定的方式组织、描述和储存，具有较小的冗余度、较高的数据独立性和易扩展性，并可为各种用户共享。数据库的基本特征如下。

（1）数据结构化。

（2）数据共享性高。

（3）数据冗余度低。

（4）数据访问粒度小。

（5）有专门的软件统一管理和控制。

二、数据库系统

数据库系统（Data Base System，DBS）是指基于数据库的计算机应用系统，是由数据库、数据库管理系统等构成的。需要指出的是，数据库的建立、使用和维护等工作仅靠一个数据库管理系统（Data Base Management System，DBMS）远远不够，还要由专门的人员来协助完成，这些人被称为数据库管理员（Data Base Administrator，DBA）。与一般的应用系统相比，数据库系统有其自身的特点。

（一）数据库系统的组成

数据库系统是一个为用户提供信息服务的计算机应用系统。它通常由计算机硬件系统、数据库管理系统（及其开发工具）、应用程序、数据库管理员和用户等构成，如图5-2所示。

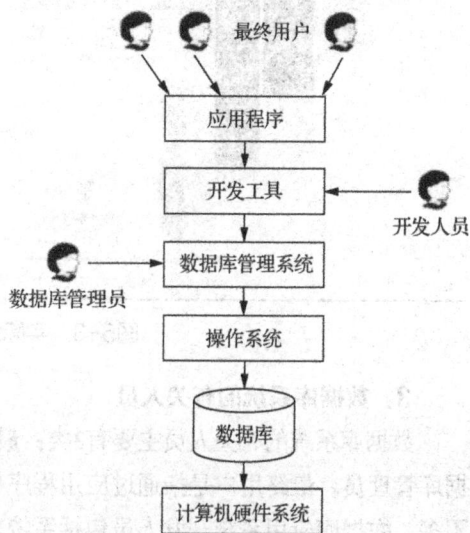

图5-2　数据库系统的组成

1．计算机硬件系统

计算机硬件系统是数据库系统的物质基础，是存储数据库及运行相关软件的硬件设备，主要包括中央处理器、存储设备、输入/输出设备及计算机网络环境。

2．计算机软件系统

计算机软件系统包括操作系统、数据库管理系统、数据库系统开发工具及数据库应用程序等。

（1）操作系统。操作系统是所有软件的核心和基础，是其他软件运行的环境和平台。在计算机硬件层之上，操作系统统一管理计算机的资源。

（2）数据库管理系统。数据库管理系统在操作系统的支持下工作，是数据库系统的核心软件。常见的数据库管理系统有Access、Visual FoxPro、SQL Server、Oracle、Sybase等。数据库管理系统是用户与数据库的接口，它可以实现数据的组织、存储和管理，提供访问数据库的方法，包括数据库的建立、查询、更新及各种数据控制等。

（3）数据库系统开发工具。数据库系统开发工具是指各种数据库应用程序的编程工具。随着计算机技术的不断发展，各种数据库编程工具也在不断变化和进步。目前，比较常用的数据库系统开发工具有Visual Basic、C++、C#、Java等通用程序设计语言。

（4）数据库应用程序。数据库应用程序是指系统开发人员利用某种开发工具开发出来的、面向某一类实际应用的软件系统。图5-3所示为医疗费用报销管理系统、人事管理系统、教学管理系统、证券实时行情分析系统等。

图5-3　实际应用中的数据库应用程序

3．数据库系统的有关人员

数据库系统的有关人员主要有3类：最终用户（End User）、数据库应用系统开发人员和数据库管理员。最终用户是指通过应用程序界面使用数据库的人员，他们一般对数据库知识了解不多。数据库应用系统开发人员包括系统分析员、系统设计员和系统程序员。系统分析员负责应用系统的分析，他们和最终用户、数据库管理员相配合，参与系统分析；系统设计员负责应用系统设计和数据库设计；系统程序员则根据设计要求进行编码。数据库管理员是数据管理机构的一组人员，他们负责对整个数据库系统进行总体控制和维护，以保证数据库系统的正常运行。

综上所述，数据库中包含的数据是存储在外部存储介质上的数据的集合。每个用户均可使用其中的数据，不同用户使用的数据可以重叠，同一组数据可以为多个用户共享。数据库管理系统为用户提供数据的存储、组织、操作等功能，用户通过数据库管理系统和应用程序实现数据库系统的操作与应用。

（二）数据库系统的结构模式

为了有效地组织和管理数据，提高数据库的逻辑独立性和物理独立性，数据库的体系结构采用三级模式和二级映射结构。三级模式包括外模式、概念模式和内模式，二级映射则分别是概念模式到内模式的映射与外模式到概念模式的映射，如图5-4所示。

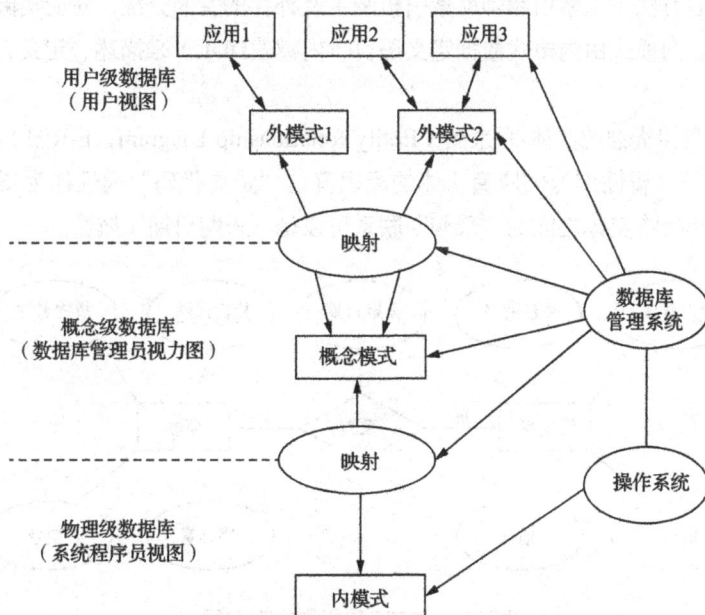

图5-4　数据库的三级模式和二级映射结构

1. 数据库的三级模式

三级模式使不同级别的用户对数据库形成不同的视图（View）。视图是指观察、认识与理解数据的范围、角度和方法，是数据库在用户中的反映。很显然，不同层次（级别）的用户所看到的数据库是不同的，由此形成了面向用户或应用程序的用户级数据库、面向建立和维护数据库人员的概念级数据库及面向系统程序员的物理级数据库。用户级数据库对应外模式（External Schema），概念级数据库对应概念模式（Conceptual Schema），物理级数据库对应内模式（Internal Schema）。

（1）概念模式

概念模式又称逻辑模式，对应概念级数据库。它是由数据库设计者综合所有用户的数据，按照统一的观点构造的全局逻辑结构，是对数据库中全部数据的逻辑结构和特征的总体描述，是所有用户的公共数据视图（全局视图）。概念模式是由数据库系统提供的数据定义语言（Data Definition Language，DDL）来描述、定义的，体现并反映了数据库系统的整体观。

（2）外模式

外模式又称子模式或用户模式，对应用户级数据库。它是某个或某几个用户所看到的数据库的数据视图，是与某一应用有关的数据的逻辑表示。外模式是从概念模式导出的一个子集，包含概念模式中允许特定用户使用的那部分数据。用户可以通过外模式数据定义语言（外模式DDL）来描述、定义对应于用户的数据记录（外模式），也可以利用数据操纵语言（Data Manipulation Language，DML）对这些数据记录进行操作。外模式反映了数据库的用户观。

（3）内模式

内模式又称存储模式或物理模式，对应物理级数据库。它是数据库中全体数据的内部表示或底层描述，是数据库最低一级的逻辑描述。它描述了数据在存储介质上的存储方式（数据文件的结构）、存取方法（主索引和辅助索引机制）及外存的空间分配，对应实际存储在外存储介质上的数据库。内模式由内模式数据定义语言（内模式DDL）来描述、定义，反映了数据库的存储观。

例如，供应商和货物的实体-联系图（Entity Relationship Diagram，E-R图）如图5-5所示，其中，"供应商号"属性作为供应商实体的标识符，"货物代码"属性作为货物实体的标识符。供应商实体和货物实体之间的"采购"联系可以是"采购日期"属性。

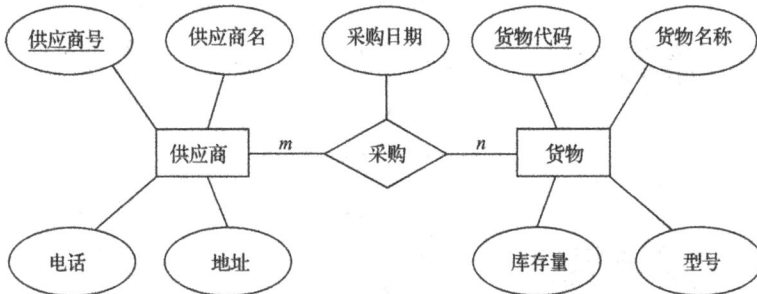

图5-5　供应商和货物的E-R图

将其转换为关系模型，便得到货物供应管理数据库的三级模式图，如图5-6所示。

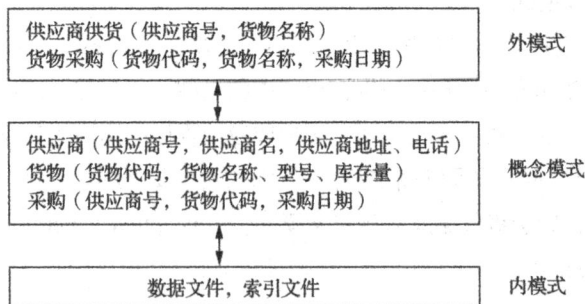

图5-6　货物供应管理数据库的三级模式图

在一个数据库系统中，只有唯一的数据库，因此作为定义、描述数据库存储结构的内模式和定义、描述数据库逻辑结构的概念模式，也是唯一的，但建立在数据库系统之上的应用则是非常广泛、多样的，所以对应的外模式不是唯一的。

2. 三级模式间的二级映射

数据库的三级模式是数据在3个级别（层次）上的抽象，使用户能够逻辑地、抽象地处理数据，而不必关心数据在计算机中的物理表示和存储方式。它把数据的具体组织交给数据库管理系统去完成。为了实现这3个抽象级别的联系和转换，数据库管理系统在三级模式之间提供了二级映射，从而保证了数据库中的数据具有较高的物理独立性和逻辑独立性，如图5-7所示。

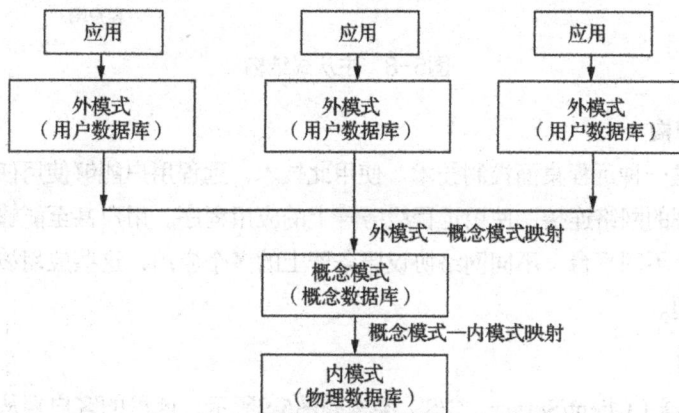

图5-7 三级模式间的二级映射

外模式到概念模式的映射。数据库中的同一个概念模式可以有多个外模式，对于每一个外模式，都存在一个外模式到概念模式的映射，用于定义该外模式与概念模式之间的对应关系。当概念模式发生改变时（如增加新的属性或改变属性的数据类型等），只需对外模式到概念模式的映射做相应的修改，而外模式（数据的局部逻辑结构）保持不变。由于应用程序是依据数据的局部逻辑结构编写的，所以应用程序不必修改，从而保证了数据与应用程序间的逻辑独立性。

概念模式到内模式的映射。数据库中的概念模式和内模式都只有一个，所以概念模式到内模式的映射是唯一的，它确定了数据的全局逻辑结构与存储结构之间的对应关系。当数据库的内模式存储结构发生变化时（如选用了另一种存储结构），概念模式到内模式的映射也会发生相应的变化，但其概念模式仍保持不变，即把存储结构变化的影响限制在概念模式之下。这使数据的存储结构和存储方法独立于应用程序之外，通过映射功能保证数据存储结构的变化不影响数据的全局逻辑结构，从而不必修改应用程序，即确保了数据的物理独立性。

（三）数据库系统的工作架构

1. 主从式结构

主从式结构是指一个主机带多个终端的多用户结构，如图5-8所示。在这种结构中，数据库系统包括应用程序、DBMS、数据等，都集中存放在主机上，所有处理任务都由主机来完成，各个用户通过主机的终端并发地存取数据库，共享数据资源。主从式结构的优点是简单，数据易于管理与维护。其缺点是当终端用户数目增加到一定程度后，主机的任务会过于繁重，这将会形成瓶颈，从而使系统性能大幅度下降；当主机出现故障时，整个系统都不能使用，因此系统的可靠性不高。

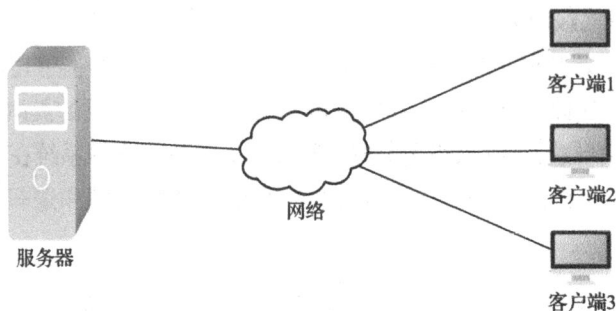

图5-8 主从式结构

2．集中式架构

集中式架构是一种远程桌面控制技术。使用此技术，远程用户能够使用任何类型的终端系统，通过任何类型的网络连接，使用远程服务器上的应用程序。用户甚至能够使用同一个终端系统远程访问多个不同平台、不同网络协议服务器上的多个应用，这些应用被集成在一个访问界面中，操作简便。

3．C/S架构

客户机/服务器（Client/Server，C/S）架构如图5-9所示。这里的客户端从硬件上可以理解为客户机，从软件上可以理解为在客户机上安装的特定专用软件。也就是说，基于C/S架构的软件需在客户机上安装特定的专用软件才能访问服务器，如腾讯QQ、网络游戏客户端等就是典型的基于C/S架构的。

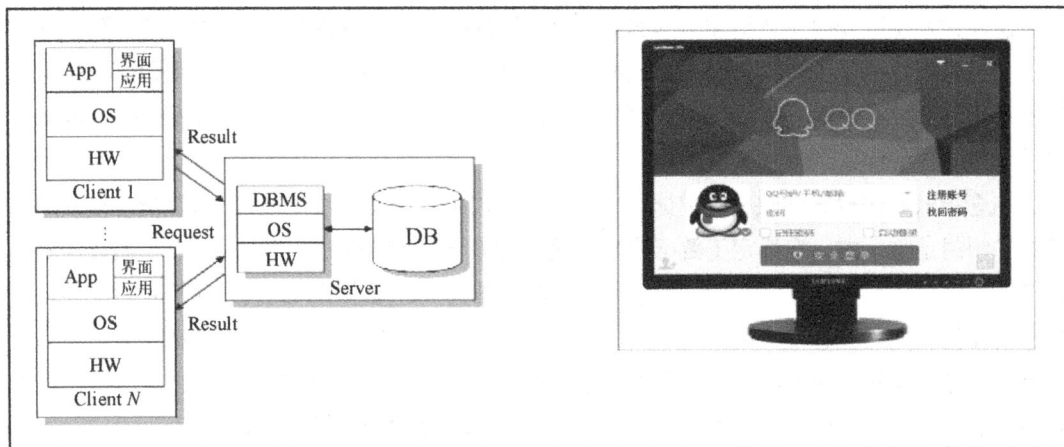

图5-9 C/S架构

4．B/S架构

浏览器/服务器（Browser/Server，B/S）架构如图5-10所示。客户机不需要安装任何特定的软件，只需要一个浏览器就可以与服务器进行交互。例如很多采用ASP、PHP、JSP技术的网站就是典型的基于B/S架构的。

数据库系统的工作架构如图5-11所示，每一环节都是数据库系统能够正常运转的基础和前提。

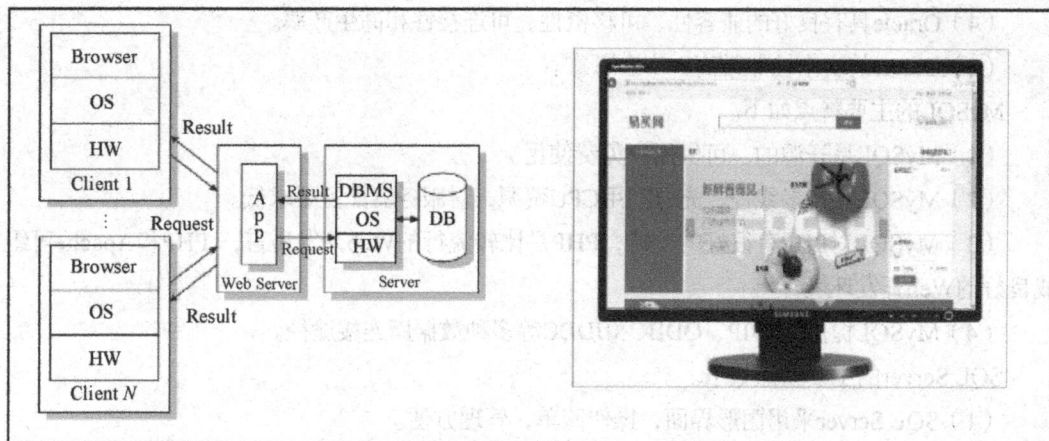

图5-10 B/S架构

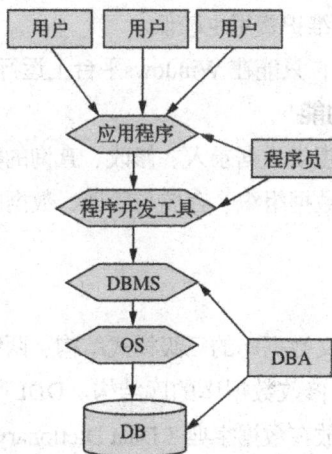

图5-11 数据库系统的工作架构

三、数据库管理系统

　　数据库管理系统（DBMS）是一种操纵和管理数据库的大型软件，用于建立、使用和维护数据库，是位于用户和操作系统之间的数据库管理软件。它对数据库进行统一的管理和控制，以保证数据库的安全性和完整性。用户通过DBMS访问数据库中的数据，数据库管理员也通过DBMS进行数据库的维护工作。它可使多个应用程序和用户用不同的方法同时或在不同时间去建立、修改与访问数据库。大部分DBMS提供数据定义语言 DDL和数据操作语言DML，供用户定义数据库的模式结构与权限约束，实现对数据的追加、删除等操作。市面上有很多优秀的数据库管理系统，如Oracle、FoxPro、MySQL、SQL Server、Access 2010等。

　　其中，Oracle的主要特点如下。

　　（1）Oracle数据库可运行于大部分硬件平台与操作系统上。

　　（2）Oracle能与多种通信网络相连，支持多种网络协议。

　　（3）Oracle的操作较为复杂，对数据库管理人员要求较高。

（4）Oracle具有良好的兼容性、可移植性、可连接性和高生产率。

（5）Oracle的安全性非常高，安全可靠。

MySQL的主要特点如下。

（1）MySQL是开源的，可供用户免费使用。

（2）MySQL支持多线程，充分利用CPU贺源，对服务器配置要求低。

（3）MySQL对PHP有很好的支持，PHP是比较流行的Web开发语言，PHP和Apache可组成良好的Web开发环境。

（4）MySQL提供TCP/IP、ODBC和JDBC等多种数据库连接途径。

SQL Server的主要特点如下。

（1）SQL Server采用图形界面，操作简单，管理方便。

（2）SQL Server与微软的开发工具（C#、ASP.NET）相互配合，开发便捷。

（3）SQL Server可以支持ADO、DAO、OLEDB、ODBC等多种连接方式。

（4）SQL Server价格便宜，维护费用也较低。

（5）SQL Server开放性不足，只能在Windows平台上运行。

（一）数据库管理系统的功能

数据库管理系统是一个能够提供数据录入、修改、查询的数据操作软件，具有数据定义，数据操作，数据库的运行管理，数据组织、存储与管理，数据库的保护，数据库的维护，通信等功能，允许多用户使用。

1．数据定义

DBMS提供DDL，供用户定义数据库的三级模式结构、两级映射以及完整性约束和保密限制约束等。DDL主要用于建立、修改数据库的库结构。DDL所描述的库结构仅给出了数据库的框架，数据库的框架信息被存放在数据字典（Data Dictionary）中。

2．数据操作

DBMS提供DML，供用户实现对数据的追加、删除、更新、查询等操作。

3．数据库的运行管理

数据库的运行管理功能是DBMS的运行控制、管理功能，包括多用户环境下的并发控制、安全性检查和存取限制控制、完整性检查和执行、运行日志的组织管理、事务的管理和自动恢复，即保证事务的原始性。这些功能保证了数据库系统的正常进行。

4．数据组织、存储与管理

DBMS要分类组织、存储和管理各种数据，包括数据字典、用户数据、存取路径等，需要确定以何种文件结构和存取方式在存储器上组织这些数据，如何实现数据之间的联系。数据组织和存储的基本目标是提高存储空间的利用率，选择合适的存取方法以提高存取效率。

5．数据库的保护

数据库中的数据是信息社会的战略资源，所以数据的保护至关重要。DBMS对数据库的保护通过4个方面来实现，即数据库的恢复、数据库的并发控制、数据库的完整性控制和数据库的安全性控制。DBMS的其他保护功能还包括系统缓冲区的管理、数据存储的某些自适应调节机制等。

6．数据库的维护

数据库的维护包括数据库的数据载入、转换、转储，数据库的重组和重构以及性能监控等功能，这些功能分别由各个应用程序来完成。

7．通信

DBMS具有与操作系统的联机处理、分时系统及远程作业输入的相关接口，负责处理数据的传送。对于网络环境下的数据库系统来说，还应该包括DBMS与网络中其他软件系统的通信功能以及数据库之间的互操作功能。

（二）数据库管理系统的组成

按功能划分，数据库管理系统可分为以下6个部分。

1．模式翻译

数据库管理系统提供数据定义语言。用它书写的数据库模式被翻译为内部表示。数据库的逻辑结构、完整性约束和物理储存结构保存在内部的数据字典中。数据库的各种数据操作（如查找、修改、插入和删除等）和数据库的维护管理都是以数据库模式为依据的。

2．应用程序的编译

数据库管理系统把包含访问数据库语句的应用程序，编译成在DBMS支持下可运行的目标程序。

3．交互式查询

数据库管理系统提供易使用的交互式查询语言，如SQL、DBMS负责执行查询命令，并将查询结果显示在屏幕上。

4．数据的组织与存取

数据库管理系统提供数据在外围储存设备上的物理组织与存取方法。

5．事务运行管理

数据库管理系统提供事务运行管理及运行日志、事务运行的安全性监控和数据完整性检查、事务的并发控制及系统恢复等功能。

6．数据库的维护

数据库管理系统为数据库管理员提供软件支持，包括数据安全控制、完整性保障、数据库备份、数据库重组以及性能监控等维护工具。

另外，数据库管理系统的发展与计算机技术的发展密切相关。近年来，计算机网络逐渐成为人们工作和生活的重要组成部分。若要进一步完善计算机数据库管理系统，技术人员就应当不断创新、改革计算机技术，并不断拓宽计算机数据库管理系统的应用范围，从而真正促进计算机数据库管理系统技术的革新。

四、数据库的类型

目前，数据库领域常用的类型有层次模型、网状模型、关系模型和面向对象的模型。

层次模型是最早出现的，它使用树状结构表示各类实体以及实体之间的联系。

网状模型使用网状结构作为数据的组织方式，是一种比层次模型更具普遍性的结构。

关系模型是目前最重要的一种，它使用二维表表示事物之间的联系。20世纪80年代以来，计算机厂商推出的数据库管理系统几乎都支持关系模型。

面向对象的模型在计算机各个领域的深远影响，促进了数据库中面向对象的研究和发展。许多关系模型的数据库厂商为了支持面向对象的模型，对关系模型做了扩展，从而产生了对象关系模型。

数据库的类型是由其所采用的类型决定的，目前流行的数据库软件大多数是支持关系模型的数据库管理系统软件。

任务二 应用数据库

【典型工作任务】

例如，某高校有法学院、公共管理学院、文学院等下属院系，教职工900多人，在校本科生10 000多人。该校的主要教学管理工作包括：制订教学计划，安排课程开设计划等；学生基本信息管理；教师基本信息管理；学生成绩查询与统计；教师授课情况查询与统计。手工完成教学管理工作的劳动量非常大，为了实现教学工作管理信息化，该校拟开发教学管理信息系统。

【任务思考】

面对这种现实问题，我们该如何设计和应用数据库系统，以提高统计信息和处理信息的工作效率呢？我们有必要了解数据库应用系统设计的相关概念和设计过程，本任务主要以Access 2010的数据库应用为例进行相关内容的讲解。

一、数据库应用系统的相关概念

（一）范式与规范化

规范化的基本思想是消除关系模式中的数据冗余，消除数据依赖中不合适的部分，解决数据插入、更新、删除时发生的异常现象。这就要求关系数据库设计出来的关系模式要适应规范的模式，即"范式"（Normal Form, NF）。下面主要介绍数据库中的几种主要范式。

1. 第一范式

第一范式（1NF）是最基本的规范形式，即在关系中每个属性都是不可再分的简单基本数据项。同一列中不能有多个值，即实体中的某个属性不能有多个值或者不能有重复的属性。如果出现重复的属性，就可能需要定义一个新的实体，新的实体由重复的属性构成，新实体与原实体之间为一对多关系。在第一范式（1NF）中，表的每一行只包含一个实例的信息。

在任何一个关系数据库中，第一范式（1NF）是对关系模式的基本要求，不满足第一范式（1NF）要求的数据库就不是关系数据库。

2. 第二范式

第二范式（2NF）是在第一范式（1NF）的基础上建立起来的，即要满足第二范式

（2NF）必须先满足第一范式（1NF）。第二范式（2NF）要求数据库表中的每个实例或行必须可以被唯一区分。为了实现区分，通常需要为表加上一个列，以存储各个实例的唯一标识。这个唯一属性列被称为主关键词或主键、主码。第二范式（2NF）要求实体的属性完全依赖于主关键词。完全依赖是指不能存在仅依赖主关键词一部分的属性。如果存在，那么这个属性和主关键词的这一部分应该分离出来形成一个新的实体，新实体与原实体之间是一对多的关系。

简而言之，第二范式就是非主属性部分依赖于主关键词。

3. 第三范式

要满足第三范式（3NF）必须先满足第二范式（2NF）。如果关系模式中的所有非主属性对任何候选关键词都不存在传递依赖，则称这个关系属于第三范式（3NF）。第三范式（3NF）要求一个数据库表中不能包含其他表中已包含的非主关键词信息。

例如，某校教师情况如表5-2所示。

表5-2 某校教师情况

教工编号	姓名	院系编号	院系名称	院系地址
01001	张力	01	基础部	办公楼4层
01002	吴志刚	01	基础部	办公楼4层
01003	吴丽	02	文传学院	办公楼3层

在表5-2中，"教工编号"是关键词，单个关键词不存在部分依赖的问题，因此它满足第二范式。但是在该表中，"院系名称"和"院系地址"多次被重复存储，这不仅会产生数据冗余的问题，也会产生插入、修改和删除时的异常。

产生这些问题是由于"院系名称"和"院系地址"依赖于"院系编号"，而"院系编号"又依赖于"教工编号"，因此存在传递依赖的问题。

要使关系模式符合第三范式的要求，必须消除传递依赖。可将其分解为两个关系：教师（教工编号、姓名、院系编号）和院系（院系编号、院系名称、院系地址），如表5-3和表5-4所示。

表5-3 某校教师情况

教工编号	姓名	院系编号
01001	张力	01
01002	吴志刚	01
01003	吴丽	02

表5-4 某校院系情况

院系编号	院系名称	院系地址
01	基础部	办公楼4层
02	文传学院	办公楼3层

4．巴斯-科德范式

巴斯-科德范式（Boyce-Codd Normal Form，BCNF）是第三范式的改进形式。如果关系模式的所有属性（包括主属性和非主属性）都不传递依赖于关系模式的任何候选关键词，则称这个关系属于BCNF。

5．规范化设计小结

规范化的目的是将结构复杂的关系模式分解成结构简单的关系模式，从而把"不好"的关系模式转变为"好"的关系模式。

范式的等级越高，应满足的约束条件也越严格，每一级别都依赖于它的前一级别。例如，若一个关系模式满足2NF，则一定满足1NF。一般来说，将"不好"的关系模式转化为"好"的关系模式的方法是将关系模式分解成两个或两个以上的关系模式。

在数据库设计过程中，1NF很容易遵守。当大部分的关系模式设计能够满足3NF时，就比较容易维护。

规范化的优点是减少了数据冗余，节约了存储空间，同时加快了数据的增加、删除、修改的速度，但在数据查询方面，往往需要进行关系模式之间的联接操作，过高的数据分离度有时会影响查询的速度。因此，并不一定要求全部模式都达到BCNF，有时故意保留部分冗余可能更方便进行数据查询。

（二）数据库应用系统的设计步骤

数据库设计（Database Design）是指对于一个给定的应用环境，构造最优数据库模式，建立数据库及其应用系统，使之能够有效地存储数据，满足各种用户的应用需求（信息获取要求和处理要求）。在数据库领域内，常常把使用数据的各类系统统称为数据库应用系统。

数据库的不科学设计，不仅会导致数据冗余，造成存储空间浪费的现象，还会给数据的更新、删除和修改带来异常，而良好的数据库设计却可以避免这些问题。所以，进行规范合理的数据库设计，具有重要的意义。

数据库设计的内容包括需求分析、概念设计、逻辑设计、物理设计、数据库实施、数据库运行和维护，它们也同时构成数据生命周期的6个阶段，如图5-12所示。

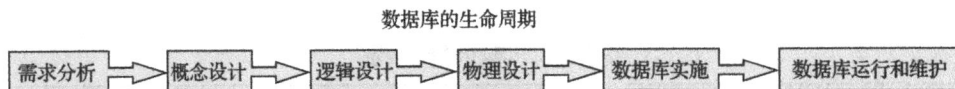

数据库的生命周期

需求分析 → 概念设计 → 逻辑设计 → 物理设计 → 数据库实施 → 数据库运行和维护

图5-12　数据库设计的内容

1．需求分析阶段

需求分析就是分析用户的需求，这是设计数据库的起点。需求分析的结果是否准确反映了用户的实际需求，将直接影响后面各个阶段的设计，并影响设计结果是否合理和实用。

需求分析的任务是通过详细调查现实世界要处理的对象（组织、部门、行业等），充分了解用户目前的工作状况，明确用户的各种需求，然后在此基础上确定新系统的功能。新系统必须充分考虑今后可能的扩充和改变，不能仅按当前应用需求设计数据库。调查的重点是"数据"和"处理"，通过调查、收集和分析，获得用户对数据库的要求的信息，包括在数据库中需要存储哪些数据、用户要完成哪些处理功能、数据库的安全性与完整性要求是怎样的等。

2．概念设计阶段

将需求分析得到的用户需求信息抽象为信息结构，概念模型的过程就是概念设计，它是整个数据库设计的关键。应该将在需求分析阶段得到的应用需求信息抽象为概念模型，以便更好、更准确地将某一数据库管理系统实现这些需求。概念模型的主要特点如下。

（1）能真实、充分地反映现实世界，包括事物和事物之间的联系，能满足用户对数据的处理要求。

（2）易于理解，可以用来与不熟悉计算机的用户交换意见，用户的积极参与是数据库设计成功的关键。

（3）易于更改，当应用环境和应用要求改变时，概念模型易于修改和扩充。

（4）易于向各种逻辑模型转换。概念模型是各种逻辑模型的共同基础，它比逻辑模型更独立于机器，更抽象，从而更加稳定。描述概念模型的常用工具是E-R图，概念设计阶段如图5-13所示。

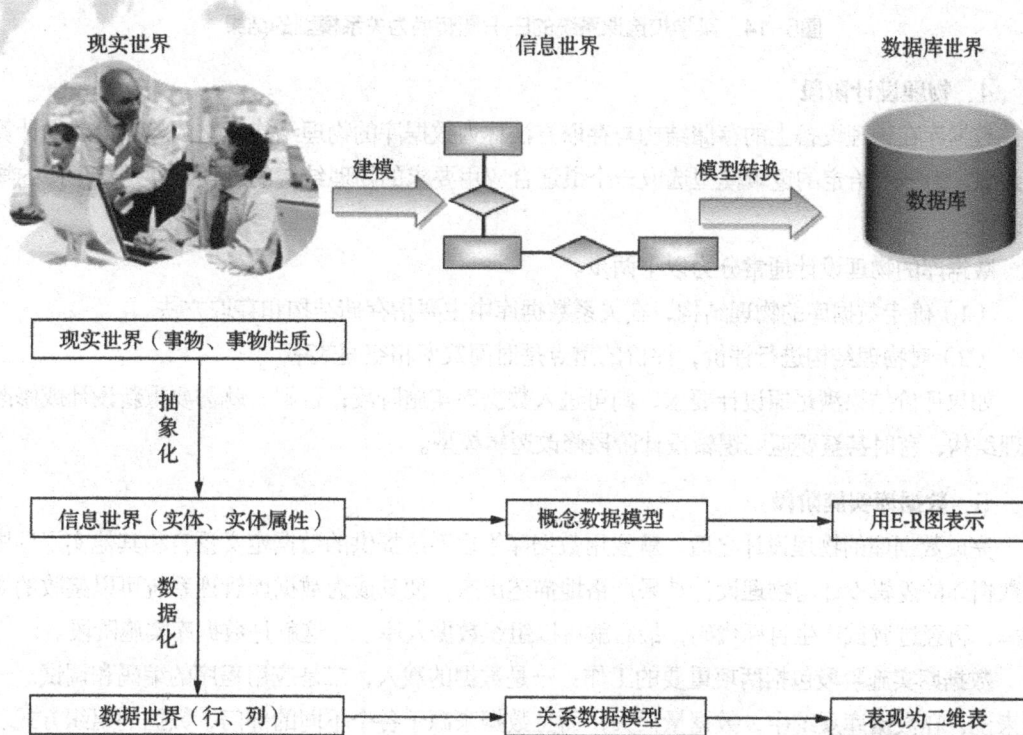

图5-13　概念设计阶段

3．逻辑设计阶段

数据库逻辑设计是指将概念模型转换为逻辑模型，即将概念模型转换为被某个数据库管理系统所支持的逻辑模型，并对转换结果进行规范化处理。关系数据库的逻辑结构由一组关系模式组成。因此，从概念模型结构到关系数据库逻辑结构的转换就是将E-R图转换为关系模型的过程。图5-14所示为某学校选课系统的E-R图转换为关系模型的结果，已进行过规范化处理，转换结果清晰明确。

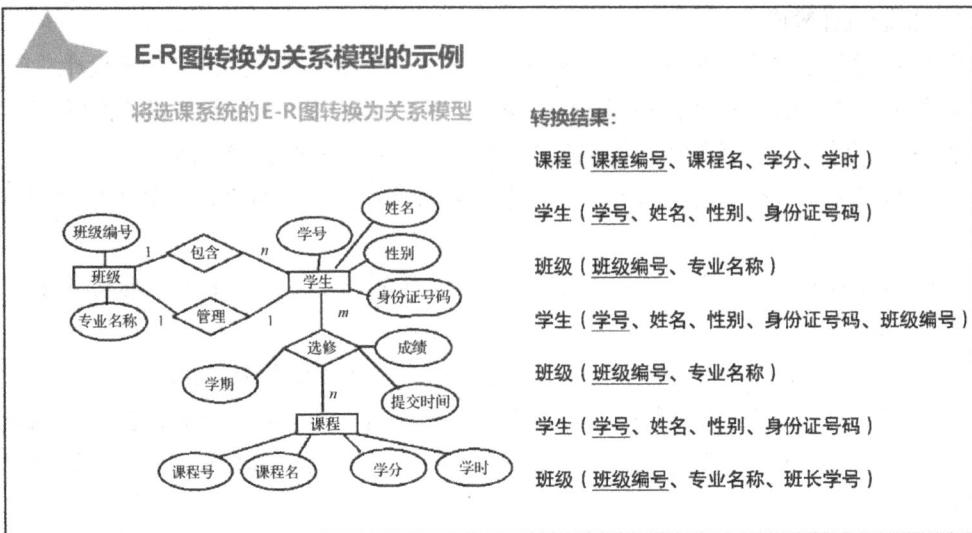

图5-14　某学校选课系统的E-R图转换为关系模型的结果

4．物理设计阶段

数据库在物理设备上的存储结构与存取方法称为数据库的物理结构，它依赖于给定的计算机系统。为一个给定的逻辑模型选取一个最适合应用要求的物理结构的过程，就是数据库的物理设计。

数据库的物理设计通常分为以下两步。

（1）确定数据库的物理结构，在关系数据库中主要指存储结构和存取方法。

（2）对物理结构进行评价，评价的重点是时间效率和空间效率。

如果评价结果满足原设计要求，则可进入数据库实施阶段；否则，就需要重新设计或修改物理结构，有时甚至要返回逻辑设计阶段修改逻辑模型。

5．数据库实施阶段

完成数据库的物理设计之后，就要用数据库管理系统提供的数据定义语言和其他实用程序将数据库的逻辑设计与物理设计结果严格地描述出来，使其成为数据库管理系统可以接收的源代码，再经过调试产生目标代码，最后就可以组织数据入库了，这就是数据库实施阶段。

数据库实施阶段包括两项重要的工作：一是数据的载入，二是应用程序的编码和调试。一般来说，在数据库系统中，数据量很大，而且数据来源于各个不同的部门，数据的组织方式、结构和格式都与新设计的数据库系统有相当大的差距，组织数据录入就要将各类源数据从各个局部应用中抽取出来，输入计算机，再分类转换，最后综合成符合新设计的数据库结构的形式输入数据库。为提高数据输入工作的效率和质量，应该针对具体的应用环境设计一个数据录入子系统，由计算机来完成数据入库的任务。

6．数据库运行和维护阶段

数据库系统经过试运行合格后，数据库开发工作就基本完成了，数据库系统即可投入正式运行。在数据库系统运行的过程中，对数据库设计进行评价、调整、修改等维护工作是一个长期的任务，也是设计工作的继续和提高。

在数据库运行阶段，对数据库经常性的维护工作主要是由数据库管理员完成的，它包括数据库的备份和恢复、数据库的安全性与完整性控制、数据库性能的分析和改造、数据库的重组织与重构造。当然，数据库的维护也是有限的，只能做部分修改。如果应用变化太大，重构也无济于事，这说明此数据库应用系统的生命周期已经结束，应该设计新的数据库应用系统。

需要指出的是，设计一个完整的数据库应用系统不是一蹴而就的，它往往是上述6个阶段的不断反复，而且这个设计步骤既是数据库设计的过程，也包括数据库应用系统的设计过程。在设计过程中，应把数据库的设计和对数据库中数据处理的设计紧密结合起来，将这两个方面的需求分析、系统设计和系统实现在各个阶段同时进行，相互参照、相互补充，以完善这两个方面的设计。事实上，如果不了解应用环境对数据的处理要求，或没有考虑如何实现这些处理要求，是不可能设计出一个良好的数据库结构的。

数据库设计是建立数据库及其应用系统的技术，是信息系统开发和建设中的核心技术。由于数据库应用系统的复杂性，为了支持相关程序的运行，数据库设计就变得异常复杂，因此最佳设计不可能一次完成，而只能是一种"反复探寻，逐步求精"的过程，也是规划和结构化数据库中的数据对象以及这些数据对象之间关系的过程。

二、Access 2010数据库的应用

Access是 Microsoft Office办公系列软件的重要组成部分，它为数据管理提供了简单实用的操作环境，适用于中小型数据管理，被称为桌面关系数据库管理系统。Access与 Microsoft Office系列软件高度集成，具有风格统一的操作界面，使初学者更加容易掌握。这也使Access成为一种实用的数据库教学操作环境。

（一）Access 2010系统的功能

Access 具有与Word、Excel等软件类似的操作界面和使用环境，在很多地方得到了广泛的应用。Access 2010的主要功能有以下几方面。

1．完善的数据库管理

Access 2010能够管理各种数据库对象，处理数据的功能非常强大，适用于中小型数据库应用系统。

2．良好的兼容性

Access 2010能访问 Access 的早期版本，还可以访问其他多种数据库格式，如 Paradox等，支持ODBC标准的SQL数据库的数据，为数据库之间的数据共享提供了方便。

3．所见即所得的界面

与以前的版本相比，Access 2010 "所见即所得"的设计环境更易于操作。

4．完善的帮助和向导

Access 2010提供的帮助信息使用户在遇到困难时可以随时得到帮助。

5．强大的数据转换功能

Access 2010一如既往提供各种版本之间的文件转换功能。

6．面向对象的开发环境

Access 2010提供了编程工具VBA，可以开发面向对象的数据库应用程序。

7．强大的网络数据库功能

Access 2010提供了网络数据库功能，支持与 Share Point网站的数据库共享，用户使用Access 2010可以很方便地将数据发布到Web上以实现数据共享。

（二）Access 2010系统的对象

1．表

表是数据库用来存储数据的对象，它是整个数据库系统的数据源，也是其他数据库对象的基础。

2．查询

查询是数据库中应用最多的数据库对象，它是以表为基础数据源的"虚表"。查询通常是通过设置查询条件，从一个表、多个表或者其他查询中选取全部或者部分数据，以二维表的形式显示数据。查询仅记录该查询的操作方式，并不保存查询结果的数据。每进行一次查询，只是根据该查询的操作方式动态生成查询结果。

3．窗体

窗体是人机交互的界面，为数据编辑、控制数据库应用系统流程、接受用户信息等提供接口。在Access中，有多种类型的窗体，如单窗体、数据表窗体、分割窗体、多项目窗体等。

4．报表

报表是数据库中进行数据输出的另外一种形式。它不仅可以将数据库中的数据进行分析处理并输出，还可以对要输出的数据进行分类统计、分组汇总等操作。

5．宏

宏是一个或者多个宏操作命令组成的集合，主要功能是让程序自动执行相关的操作。宏与内置函数一样，可以为数据库应用程序的设计提供各种基本功能。

6．模块

模块是由VBA程序设计语言编写的程序集合。它通过嵌入在 Access 中的VBA程序设计语言编辑器和编译器实现与 Access 的完美结合。

（三）Access 2010数据库的创建

创建数据库是数据库管理的基础，在 Access 2010 中，可以直接创建空数据库，或者利用模板创建数据库。

1．创建空数据库

创建一个空白数据库，如图5-15所示，具体操作步骤如下。

（1）启动 Access 2010，在"文件"选项卡中执行"新建"命令。

（2）在左侧的窗口中选择"空白数据库"选项，将右侧窗口中的"文件名"文本框中默认的文件名" Database1"修改为"教学管理"，如图5-16所示。

（3）单击"文件夹"按钮，打开"文件新建数据库"对话框，选择保存路径，如图5-17所示。单击"创建"按钮，数据库创建完成。

图5-15　Access 2010空白数据库对话框

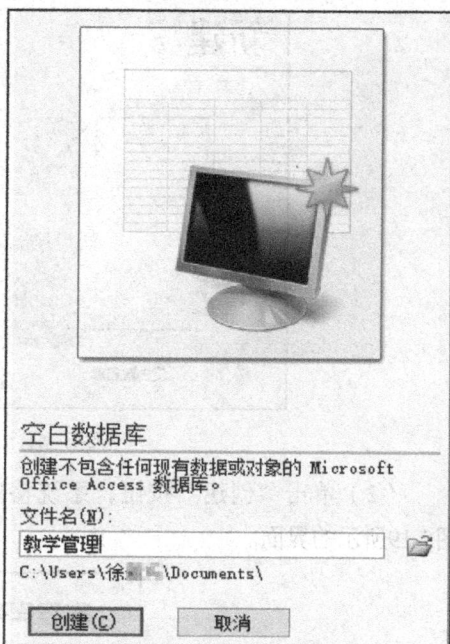

图5-16　修改文件名

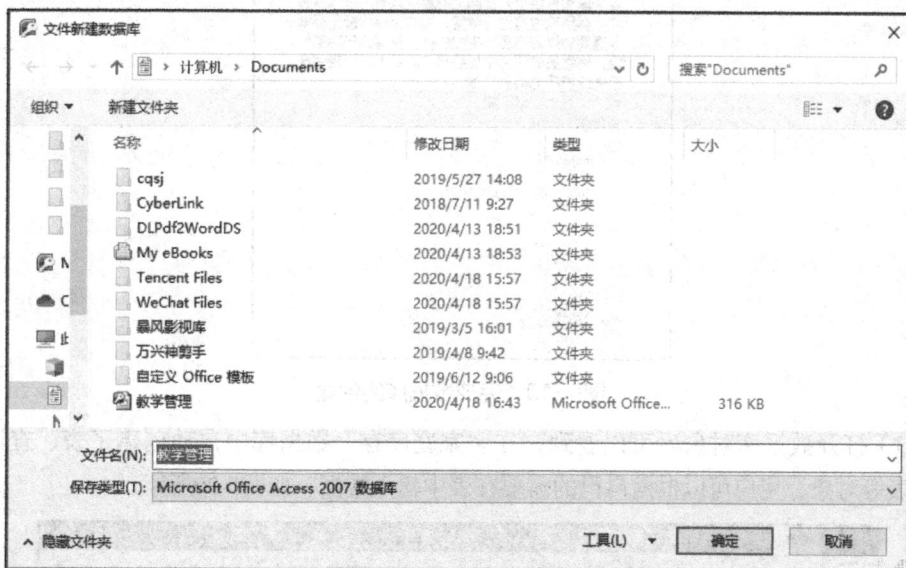

图5-17　"文件新建数据库"对话框

此时空数据库创建完成，可以在数据库中创建数据库对象了。

2．利用模板创建数据库

模板是为了方便用户建立数据库而设计的一系列模板类型的软件程序，初学者可以通过它快速创建数据库及数据库对象。例如，利用模板创建一个"家庭库存"数据库，具体操作步骤如下。

（1）选择"文件"选项卡，执行"新建"命令，打开"新建"窗格，单击"样本模板"按钮，选择"家庭库存"模板，如图5-18所示。

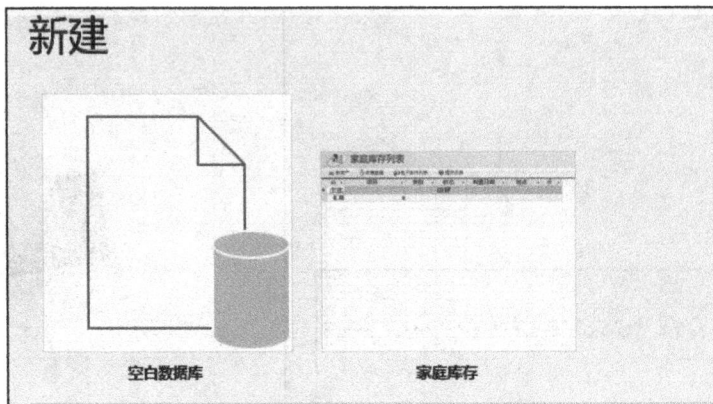

图5-18 选择"家庭库存"模板

（2）单击"创建"按钮，系统将自动完成数据库的创建。按照提示进行操作，出现图5-19所示的界面。

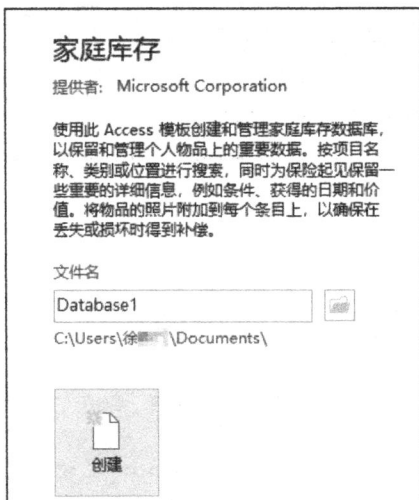

图5-19 完成数据库的创建

（3）打开数据库对象后可以看到，在"家庭库存"数据库中自动创建了表、查询、窗体、报表等对象，用户可以根据自己的需要在表中输入数据，如图5-20所示。

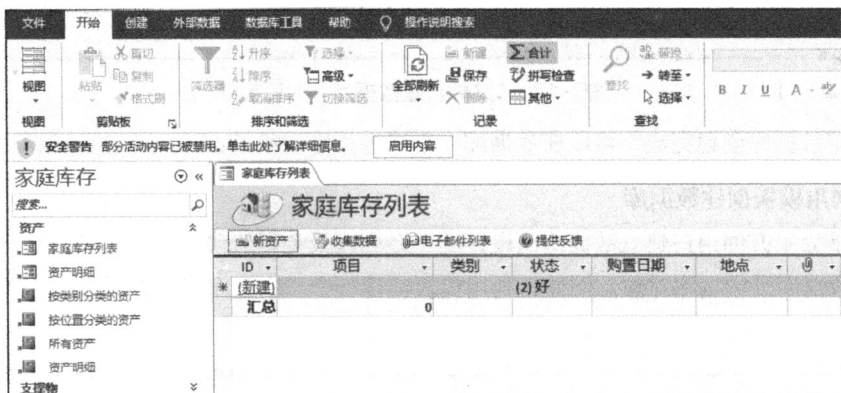

图5-20 "家庭库存"数据库

用户利用模板创建的数据库如果不能满足自身需求，就可以在数据库创建完成后进行修改。

3．数据库的操作与维护

（1）打开数据库

找到数据库文件的保存位置，双击即可打开。或者选择"文件"选项卡，执行"打开"命令，打开"打开"对话框，如图5-21所示。

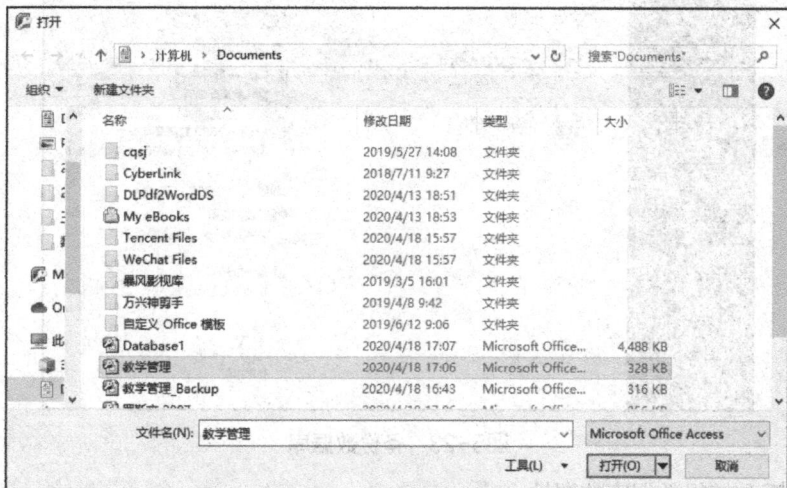

图5-21 "打开"对话框

（2）关闭数据库

关闭数据库有以下几种方法。

① 选择"文件"选项，单击"关闭数据库"按钮。

② 选择"文件"选项卡，单击"退出"按钮。

③ 单击数据库窗口标题栏中的"关闭"按钮。

（3）压缩与修复数据库

压缩与修复的目的是备份和清理数据库。随着数据库使用次数的增多，数据库文件会变得越来越大，即使删除数据有时也不能有效减小数据库文件。

压缩和修复数据库的方法是在"文件"选项卡的"信息"组中单击"压缩和修复数据库"按钮，如图5-22所示。系统会自动完成压缩和修复工作。

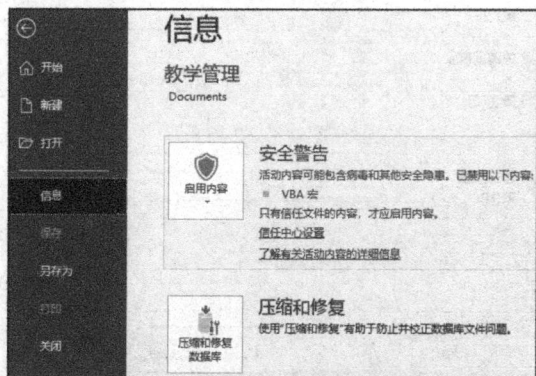

图5-22 单击"压缩和修复数据库"按钮

（4）备份数据库

为了防止数据丢失，需要养成备份数据库的习惯。打开"文件"选项卡中的"另存为"组，单击"数据库另存为"按钮和"备份数据库"按钮，再单击"另存为"按钮即可，如图5-23所示。

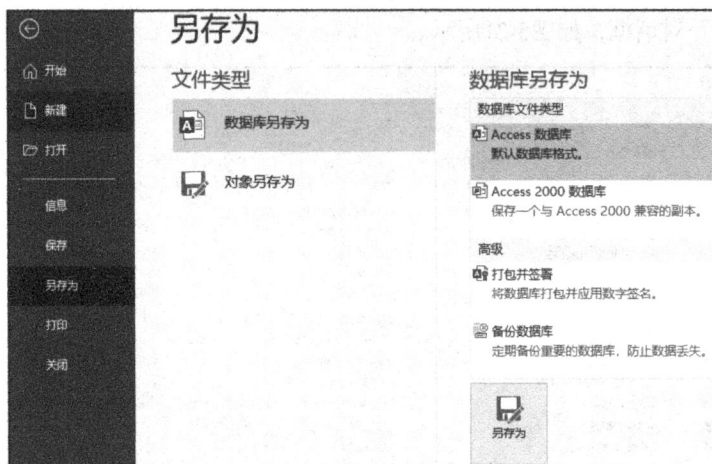

图5-23　备份数据库

（5）查看和编辑数据库的属性

通过查看数据库属性，可以了解并编辑数据库的相关信息。在"文件"选项卡的"信息"组中单击"查看和编辑数据库属性"超链接，会弹出一个带有多个选项卡的对话框，如图5-24所示。

图5-24　单击"查看和编辑数据库属性"超链接

在此对话框中，可以查看或编辑常规、摘要、统计、内容、自定义等信息。

任务三 数据库数据采集实例

【典型工作任务】

大数据的采集是指利用多个数据库接收来自客户端（Web、App或者传感器形式等）的数据，并且用户可以通过这些数据库进行简单的查询和处理工作。

对于各种来源的数据，包括移动互联网数据、社交网络的数据等，这些结构化和非结构化的海量数据是零散的，此时的这些数据并没有什么太大意义。数据采集就是将这些数据写入数据仓库中，把零散的数据整合在一起，将这些数据综合起来进行分析。由于数据库系统的种类繁多，要想具体地按照某一条固有原则进行数据的采集和提取是不可行的，针对不同的数据需要采用不同的方法进行采集。

【任务思考】

在大数据的采集过程中，其主要特点和挑战是并发数高，因为同时可能会有成千上万的用户进行访问和操作，如火车票售票网站和淘宝网，它们并发的访问量在峰值时达到上百万次，所以需要在采集端部署大量数据库才能支撑。如何在这些数据库之间进行负载均衡和分片，我们需要进行深入的思考和设计。

本任务将介绍SQL查询与操作的内容，打好数据采集和查询的基础。

一、SQL

结构化查询语言（Structured Query Language，SQL）是通用的关系数据库标准语言，可以用来执行数据查询、数据定义、数据操作和数据控制等操作。SQL结构简洁，功能强大，在关系数据库中得到了广泛的应用，目前流行的关系数据库管理系统都支持SQL。

二、创建SQL查询

SQL查询是使用SQL语言创建的一种查询。每个查询都对应一个SQL查询命令。当用户使用查询向导或查询设计器创建查询时，系统会自动生成对应的SOL命令，可以在SQL视图中查看。除此之外，用户还可以直接通过SQL视图窗口输入SQL命令创建查询。

使用SQL语句创建查询的操作步骤如下。

（1）打开数据库，选择"创建"选项卡中的"查询"组，单击"查询设计"按钮，打开"查询设计"视图窗口，如图5-25所示。

（2）单击"创建"选项卡中的"SQL"按钮，则切换到SQL视图。

（3）在"结果"选项卡中单击"运行"按钮，执行运行命令或者保存查询，如图5-26所示。

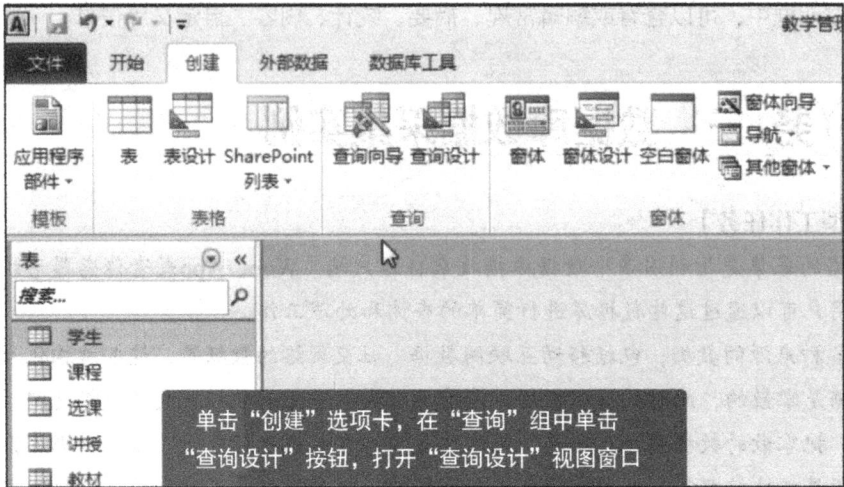

图5-25 单击"查询设计"按钮

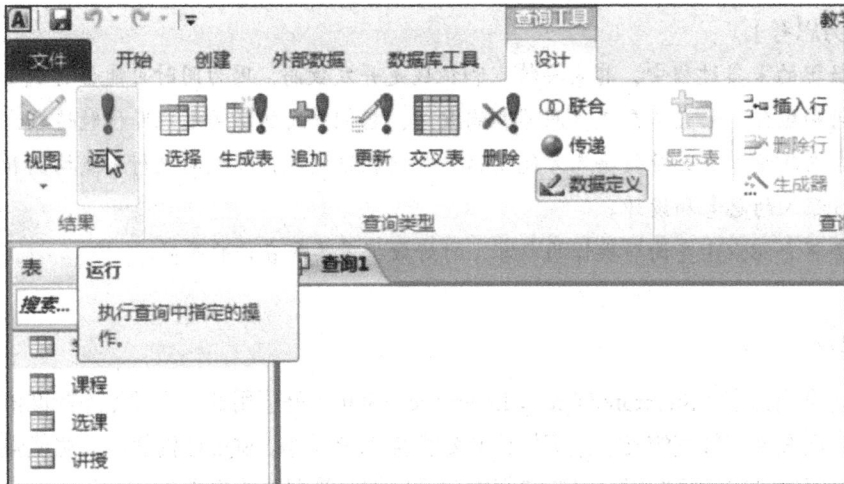

图5-26 运行窗口

（一）使用SQL语句创建选择查询

使用SQL语句创建选择查询时，需要使用select语句，语法如下。

```
select[all distinct]<字段名1>[,<字段名2>…]
from<表或查询>
[inner join<表或查询>on<条件表达式>]
[where<条件表达式>]
[ group by<分组字段名> having<条件表达式>]
[ order by<字段名> asc|desc]
```

all：查询结果返回全部记录集。

distinct：查询结果是不包含重复行的记录集。

inner join<表或查询>on<条件表达式>：查询结果是多表数据源组成的记录集。

where<条件表达式>：查询结果是数据源中满足<条件表达式>的记录集。

group by<分组字段名>：查询结果是数据源按字段分组的记录集。

having<条件表达式>：分组时满足<条件表达式>。

order by<字段名>：查询结果按照字段排序，asc为升序，desc为降序。

例如在上面提到的教学管理数据库中，使用教师表查询所有教师的"教师编号""姓名""性别"和"出生日期"，SQL语句如下。

```
select教师编号，姓名，性别，出生日期
from教师
```

运行查询得到结果，如图5-27所示。

教师编号 ·	姓名 ·	性别 ·	出生日期 ·
001001	温古	男	1975/5/9
001002	张明华	女	1982/12/25
002001	曹阳	男	1974/6/9
002002	张丹丹	女	1980/5/12
*			

图5-27　运行查询结果

再如，使用教师表和课程表查询所有教师所授课程的学分及学时，SQL语句如下。

```
select教师编号，姓名，课程名称，学分，学时
from教师 inner join课程
on教师.教师编号=课程.授课教师编号
```

也可以写成：

```
select教师编号，姓名，课程名称，学分，学时
from教师，课程
where教师.教师编号=课程.授课教师编号
```

（二）使用SQL语句创建操作查询

创建操作查询的SQL语句有以下几种形式。

1. 插入语句

```
insert into<表名>（字段名1[，字段名2…]）
values（表达式1[，表达式2…]）
```

2. 更新语句

```
update<表名>set<字段名1>=<表达式>[，<字段名2>=<表达式>...][ where<条件>]
```

3. 删除语句

```
delete from<表名>[ where<条件>]
```

具体举例如下。

使用SQL语句，给教师备份表增加一个新记录，其内容是（"111114"，"张三"，"男""1990/1/15"）。

SQL语句如下。

```
insert into教师备份（教师编号，姓名，性别，出生日期）
values（"111114"，"张三"，"男""1990/1/15"）
```

使用SQL语句，将教师备份表中张丹丹的工资修改为6000。

SQL语句如下。

```
update教师备份set工资=6000
where姓名="张丹丹"
```

使用SQL语句，将教师备份表中教师编号为001002的记录删除。

SQL语句如下。

```
delete from教师备份 where教师编号="001002"
```

（三）使用SQL语句创建数据定义查询

创建数据定义查询的SQL语句有以下几种形式。

1. 创建表

```
create table<表名>（[<字段名1>]类型（长度）[，[<字段名2>]类型（长度）...]）
```

文本型：text

长整型：integer

双精度型：float

货币型：money

日期型：date

逻辑型：logical

备注型：memo

OLE型：general

2. 增加字段

```
alter table<表名>
add[<字段名1>]类型（长度）[，[<字段名2>]类型（长度）...]
```

3. 修改字段

```
alter table<表名>
alter[<字段名1>]类型（长度）[，[<字段名2>]类型（长度）...]
```

4. 删除字段

```
drop table<表名>
drop[<字段名1>]类型（长度）[，[<字段名2>]类型（长度）...]
```

5. 删除表

```
drop table<表名>
```

具体举例如下。

使用SQL语句，创建一个表test，字段包括编号（文本型，长度为6）、姓名（文本型，长度为20）、出生日期（日期型）、销售额（双精度型）。

SQL语句如下。

```
create table test（编号text（6），姓名text（20），出生日期date，销售额float）
```

使用SQL语句，给test表增加一个照片字段，类型为对象连接与嵌入（Object Linking and Embedding，OLE）型。SQL语句如下。

```
alter table test add照片 general
```

使用SOL语句，将test表的销售额字段修改为 money类型。SQL语句如下。

```
alter table test alter销售额 money
```

使用SQL语句，将test表的销售额字段删除。SQL语句如下。

```
alter table test drop销售额
```

使用SQL语句，将test表删除。SQL语句如下。

```
drop table test
```

📈 【项目小结】

任务一详细介绍了数据库的基本概念、数据库系统的组成、结构模式及不同数据库管理系统的主要特点、功能和组成，简要介绍了数据库的类型，帮助读者认识数据库是各种软件系统得以运行的基础和前提，数据库知识也是当今大学生信息素养的重要组成部分。

任务二以现实工作中的典型任务为背景，介绍了数据库应用系统设计的相关概念和设计过程，帮助读者认识数据库设计是建立数据库及其应用系统的技术，也是信息系统开发和建设的核心技术；以Access 2010数据库的实际应用操作为例，讲解了数据库的创建、操作及维护、备份和编辑等功能。

任务三呈现了数据库采集实例，介绍了SQL查询与操作的具体内容。在种类繁多的数据库系统中，读者要想具体地按照某一条固有原则进行数据的采集和提取是不太可行的，针对不同的数据需要采用不同的采集方法，为今后应用数据库技术进行科学管理和充分利用信息打下基础。

采集器数据采集

数据采集器是进行数据采集的工具，用于实现自动从网页上采集数据，抓取网站信息。项目六将介绍八爪鱼采集器，通过学习，读者将会充分掌握八爪鱼采集器的各项功能与使用方法，能根据自己数据分析的需求，熟练使用八爪鱼采集器采集各大网站的数据。

任务一 认识八爪鱼采集器

【典型工作任务】

大数据技术经过多年的发展，才从一种看起来很"炫酷"的新技术变成企业在生产经营中实际应用的服务。市场上出现了许多数据采集软件，如火车头采集器、八爪鱼采集器、集搜客、神箭手云爬虫等。上述数据采集软件各有优点，基本都能满足用户的采集需求。

其中，八爪鱼采集器是一款可视化免编程的网页采集软件，用户利用它可以从不同网站中快速提取数据，以实现数据的自动化采集、编辑以及规范化，降低工作成本。云采集是其一大特色，能够做到更加精准、高效和大规模。

【任务思考】

你觉得对于采集界的新手用户来说，数据采集器与其他采集方法相比有哪些优势？它能为我们获取哪些方面的商务数据呢？

一、初始八爪鱼采集器

八爪鱼采集器是当前运用比较广泛的一款采集器，相对于其他采集器，它具有以下优势。

（1）操作简单：八爪鱼采集器模拟用户浏览网页的操作，通过输入文字、单击元素、选择操作项等一些简单操作，即可完成规则配置，无须编写代码，对没有编程基础的用户极为友好。

（2）功能强大：八爪鱼采集器是一款通用爬虫软件，可应对各种网页的复杂结构和防采集措施，内置增量数据采集、防采集破解、验证码识别、模拟登录、切换代理IP及切换浏览器版本等功能，满足多种采集需求，实现大多数网页数据的抓取。

（3）数据处理：八爪鱼采集器内置正则表达式格式化功能，可对提取内容进行有针对性的调整；内置分支判断和触发器功能，可对不同形式的内容做出判断，根据判断结果进行智能提取。

（4）云采集：八爪鱼采集器有5000台云服务器，可实现全天候高效稳定采集，结合API可无缝对接内部系统，定期同步爬取数据。

八爪鱼客户端使用的开发语言是C#，其在Windows系统中运行。八爪鱼采集器的核心原理是：基于Firefox内核浏览器，通过模拟用户浏览网页的行为（如打开网页、单击网页中的某个按钮等操作），对网页内容进行全自动提取；支持Excel、SQL、TXT、MySQL等格式导出数据，一次可导出千万级别的数据。

二、安装八爪鱼采集器

使用八爪鱼采集器之前，用户需要先在PC端安装八爪鱼软件，并注册八爪鱼账号；然后直接登录八爪鱼采集器官网完成注册，并免费下载对应版本的软件进行安装，如图6-1所示。

图6-1 八爪鱼采集器官网首页

八爪鱼采集器的官网也提供了教程、帮助、论坛等学习窗口，为用户提供了大量的视频教程，用户可以登录学习。

三、认识八爪鱼界面

（一）主界面介绍

八爪鱼采集器的主界面如图6-2所示。

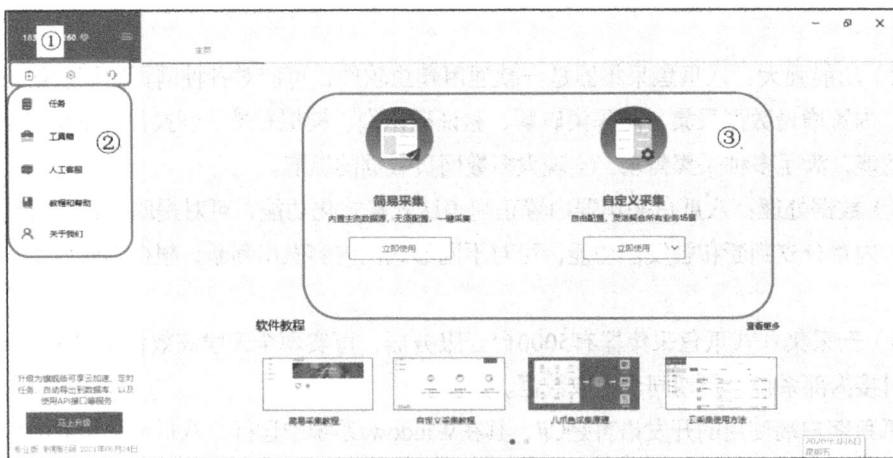

图6-2 八爪鱼采集器的主界面

八爪鱼采集器的主界面主要由三个区域构成。

主界面左上角的区域①有3个功能键，分别是"新建任务"按钮、"用户设置"按钮和"联系客服"按钮，具体功能如下。

（1）单击"新建任务"按钮可以快捷创建自定义采集和简易采集任务，并可以新建任务组，将若干个同类型的任务放在一个组里。

（2）单击"用户设置"按钮可以打开"设置"对话框，如图6-3所示。用户可以设置账号同时运行的任务数，任务数不能超过账号拥有的节点数；用户可以通过自定义模式配置选项，设置是否默认打开流程（即采集操作的简化流程图）；用户可以在这里管理自己的任务组，对任务组进行添加、修改、删除、设为默认组、为任务组设置定时云采集等操作。任务组类似于文件夹，将不同的任务归类放置有助于用户对任务进行管理。

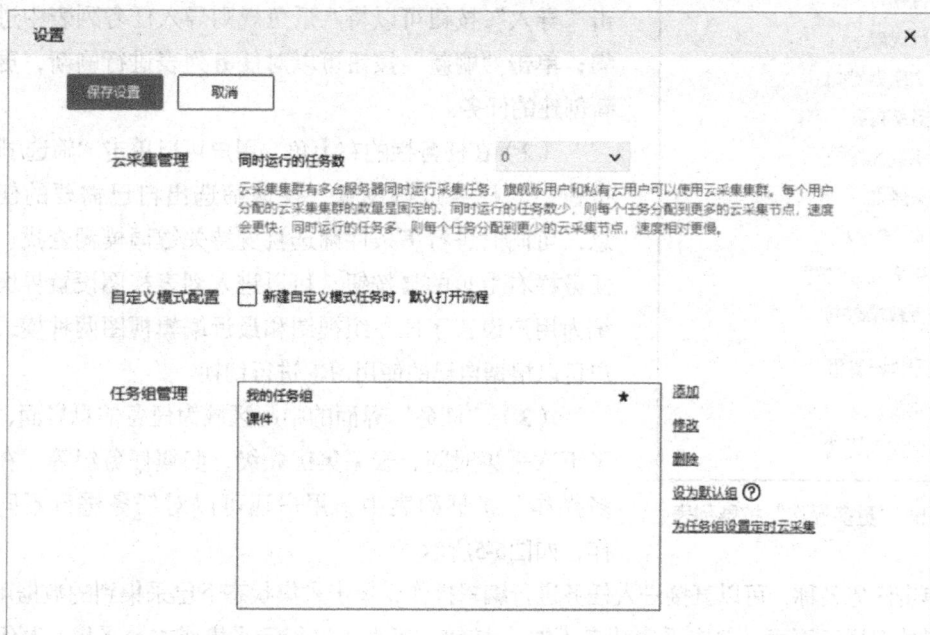

图6-3 "设置"对话框

（3）单击"联系客服"按钮会自动跳转到客服系统网页，对软件操作的任何疑问和建议都可以在这里反馈。

主界面左上角的区域②为菜单栏，包括任务、工具箱、人工服务、教程和帮助以及关于我们，下面会详细介绍常用的任务和工具箱。

主界面右侧中上部的区域③为各应用模式入口，包括简易采集和自定义采集，自定义采集模式下拉菜单下又包括智能模式和向导模式。

（二）任务栏介绍

八爪鱼采集器中的任务是指用户采集各个网站时创建的规则和采集到的数据，采集不同的网址或者采集同一个网址的不同字段信息时，都需要建立新的任务。采集完成后，任务可以长期保存。单击"菜单栏"中的"任务"按钮，打开"任务"界面，如图6-4所示。

图6-4 "任务"界面

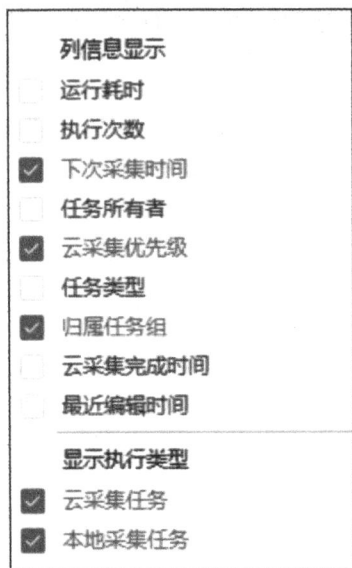

图6-5 "更多操作"扩展列表

（1）在界面的任务栏中，用户可以单击"新建"按钮创建自定义采集任务、简易采集任务以及新建任务组；单击"导入"按钮可以将八爪鱼规则导入任务列表中进行采集；单击"刷新"按钮可以对任务列表进行刷新，更新最新创建的任务。

（2）在任务栏的右上角，用户可以单击"筛选/排序"按钮，对任务进行设置，快速筛选出自己需要的任务信息，可同时进行多条件筛选且支持关键词模糊查找。单击任务栏右上角的 ▦ 按钮，可以进入列表视图设置界面，系统为用户设置了任务组视图和最近编辑视图两种模式，用户可以根据自己的使用习惯进行切换。

（3）"任务"界面的中间区域为任务信息界面，显示了下次采集时间、云采集优先级、归属任务组等。在"更多操作"扩展列表中，用户还可以对任务进行不同的操作，如图6-5所示。

单击任务名称，可以直接进入任务进行编辑操作；单击采集状态下已采集到的数据可直接跳转到数据展示页面；单击采集状态下的 ▶ 按钮，可直接进行云采集或本地采集；高级用户可以在"下次采集时间"栏中设置云采集任务。

（三）工具箱介绍

图6-6所示为"工具箱"界面，其中包括正则表达式工具、XPath工具、定时入库工具、云听CEM。

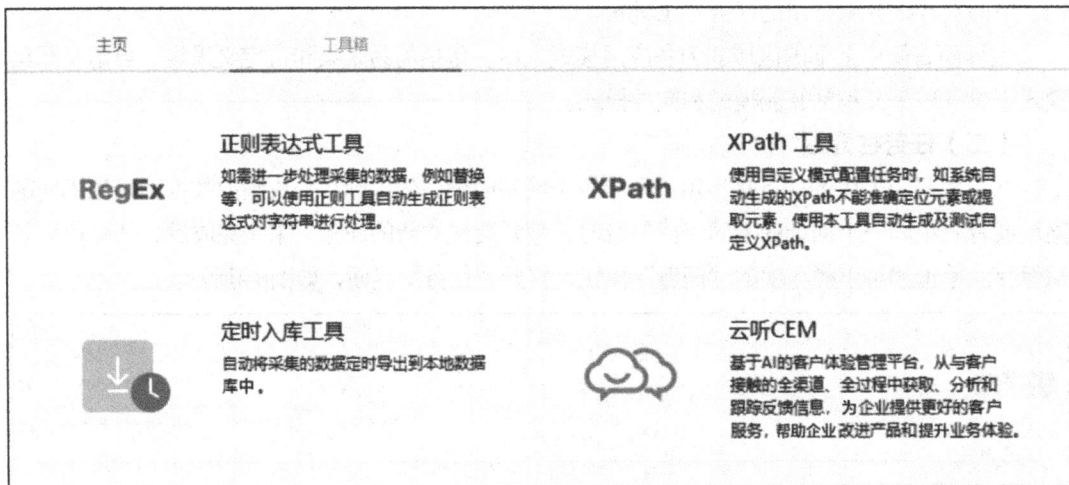

图6-6 "工具箱"界面

1．正则表达式工具

通过正则表达式工具，用户可以进一步处理采集的数据，利用匹配和替换两种功能实现数据的初步清洗，图6-7所示为"正则表达式工具"对话框。

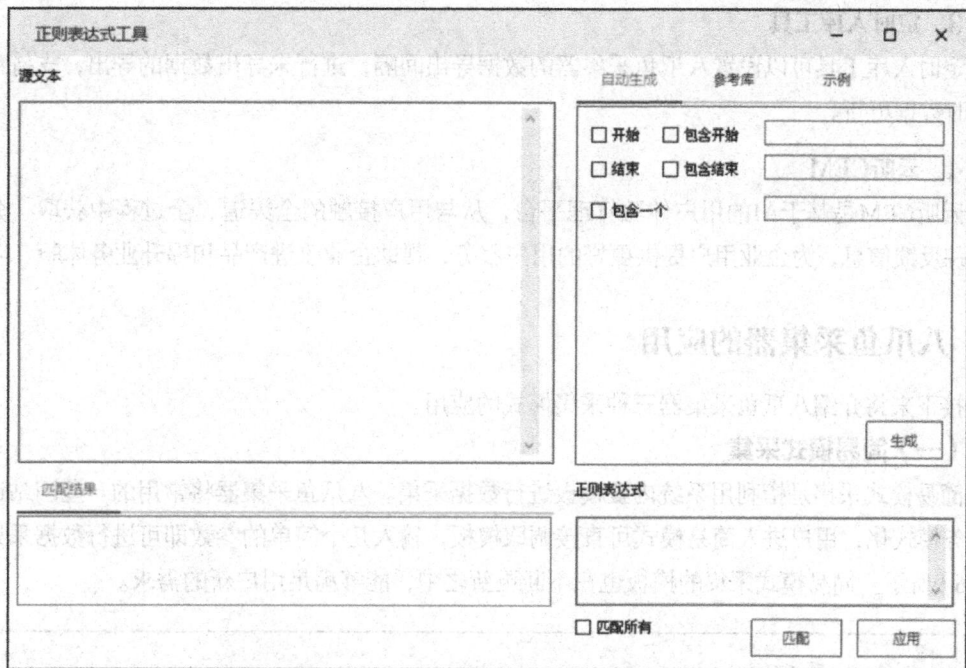

图6-7 "正则表达式工具"对话框

2．XPath工具

XPath工具可以通过输入参数的方式自动编写XPath，方便不熟悉XPath的用户快速上手，用于解决系统自动生成的XPath不能准确定位元素或提取元素的问题。"XPath工具"界面如图6-8所示。

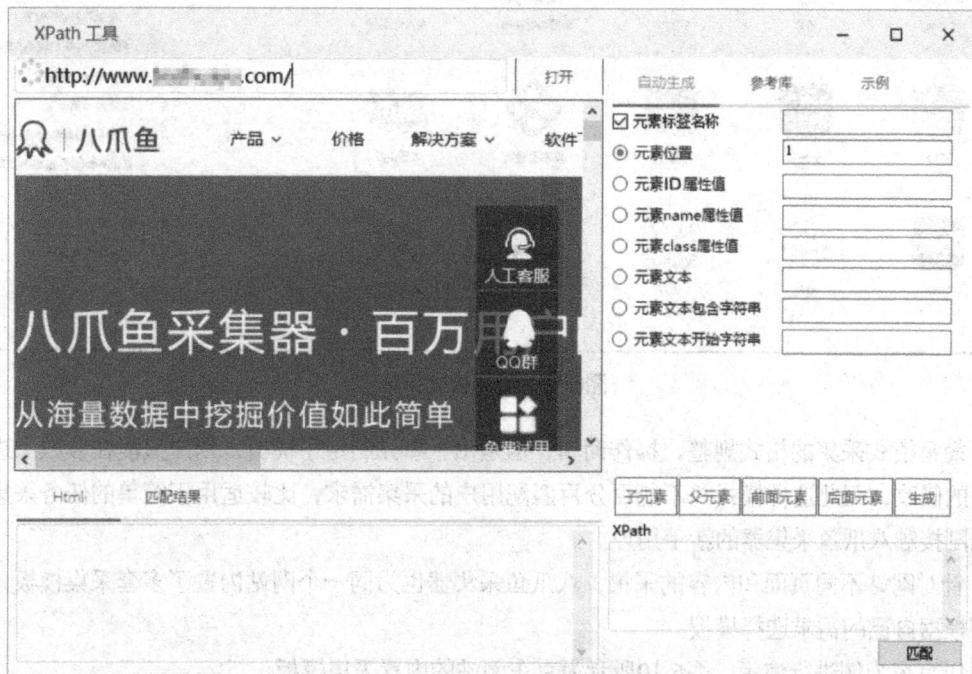

图6-8 "XPath工具"界面

3．定时入库工具

定时入库工具可以设置八爪鱼采集器的数据导出间隔，进行未导出数据的导出，支持数据库实时数据更新。

4．云听CEM

云听CEM是基于AI的用户体验管理平台，从与用户接触的全渠道、全过程中获取、分析和跟踪反馈信息，为企业用户提供更好的用户服务，帮助企业改进产品和提升业务体验。

四、八爪鱼采集器的应用

接下来将介绍八爪鱼采集器三种采集模式的应用。

（一）简易模式采集

简易模式采集是指利用系统内置模板进行数据采集。八爪鱼采集器将常用的一些网站进行了任务模式化，用户进入简易模式可直接调取模板，输入几个简单的参数即可进行数据采集，如图6-9所示。简易模式采集的模板也在不断更新之中，能够满足用户新的需求。

图6-9　简易模式采集

简易模式采集的格式规整，操作简单，但是由于事先制定了模板，用户只能在参数上进行简单的修改，因此这种模式并不能百分百匹配用户的采集需求，比较适用于简单的任务采集或者刚刚接触八爪鱼采集器的新手用户。

针对网站不同页面和内容的采集，八爪鱼采集器也为同一个网站内置了多套采集模板，用户可根据自己的需求选择模板。

以京东为例进行演示，图6-10所示为京东网站的内置采集模板。

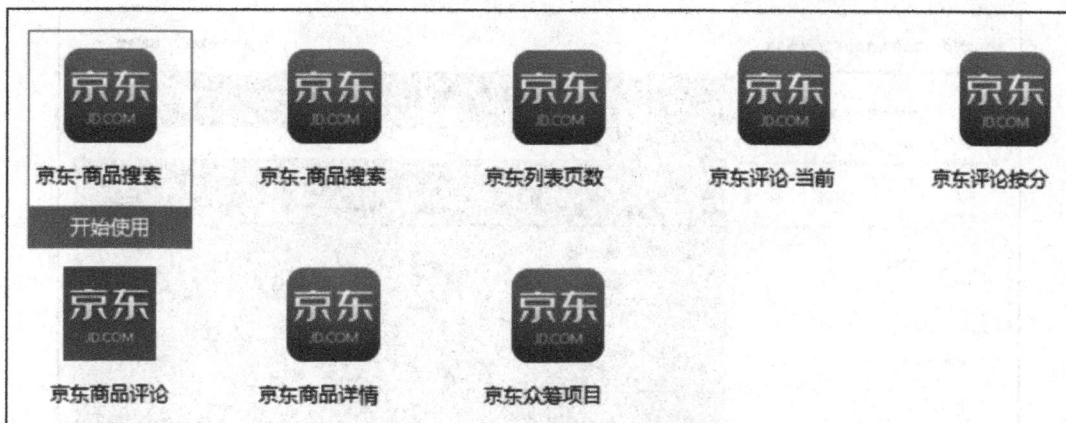

图6-10　京东网站的内置采集模板

（1）用户选择合适的模板后，可以单击"开始使用"按钮进入模板。进入模板后，可以看到"采集字段预览""采集参数预览""示例数据""模板介绍"，如图6-11所示。在"采集字段预览"中可以看到通过该模式可以采集到的具体字段名称，这里包括商家店名、商品名称、评价人数等；在"采集参数预览"中，可以看到该模板采集需要用到的参数信息，方便用户提前设置采集参数；在"示例数据"中可以看到采集完成后的呈现形式；在"模板介绍"中为用户介绍了该模板的使用方法。确认该模板可以满足采集需求后，单击"立即使用"按钮即可进行采集参数设置。

图6-11　"京东-商品搜索"采集模板

（2）图6-12所示为采集参数设置界面。用户按照要求修改任务名、设置放置的任务组、设置搜索关键词和采集页数，完成后单击"保存并启动"按钮即可开始采集。

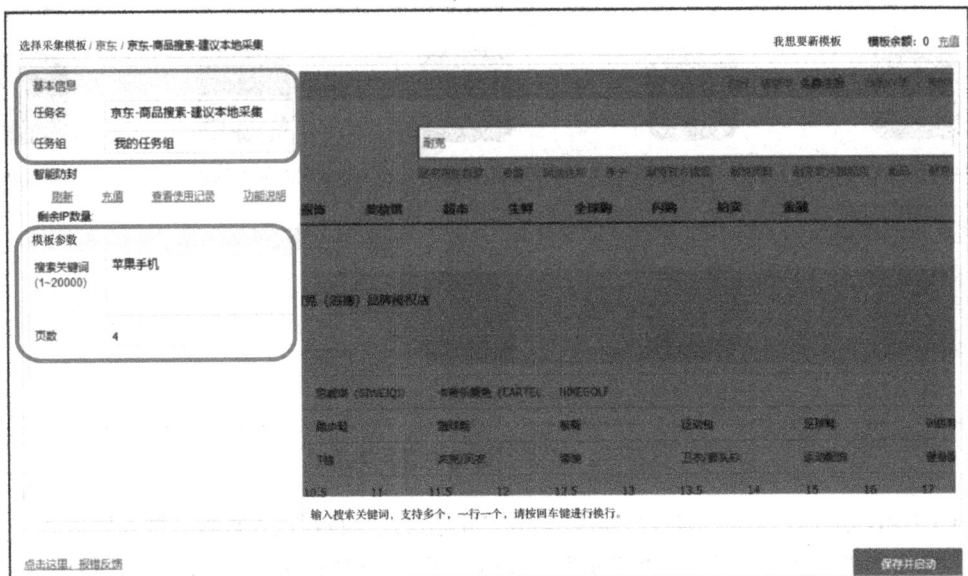

图6-12 采集参数设置界面

（二）向导模式采集

在向导模式下，用户根据提示进行操作即可，采集内容均可自定义，同样适用于新手用户。以当当网图书列表详情页为例进行演示。

（1）进入向导模式。单击"使用向导模式采集"按钮进入向导模式采集界面，设置任务放置的任务组，在"采集网站"栏中输入采集网址，对于多个网址可换行接着输入，如图6-13所示，输入完成后单击"下一步"按钮。

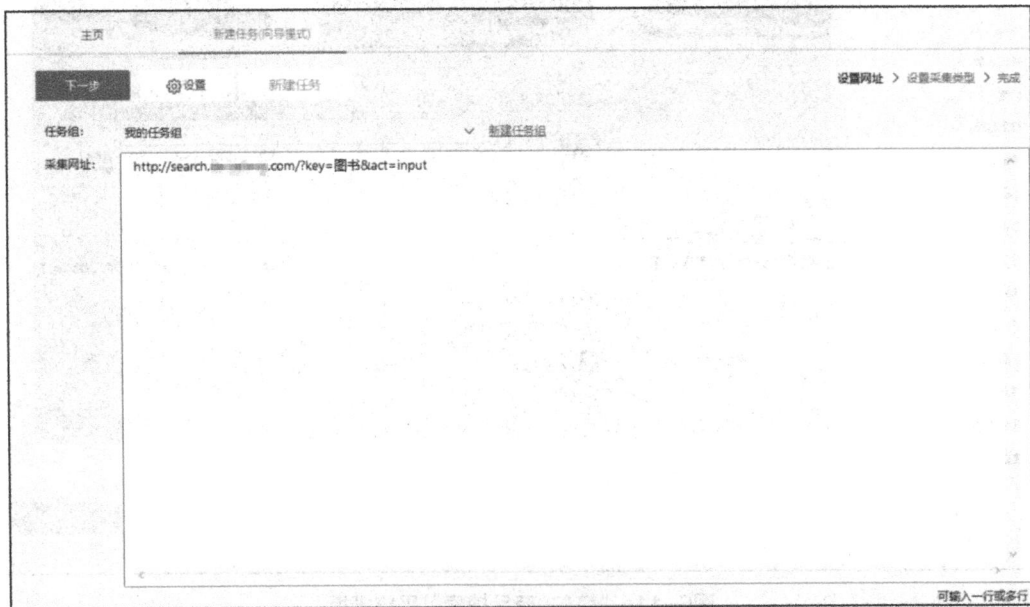

图6-13 向导模式界面

（2）设置采集类型。向导模式内置了三种采集类型："列表或表格""网页列表中每个链接页的详细内容""单网页内容"，如图6-14所示。

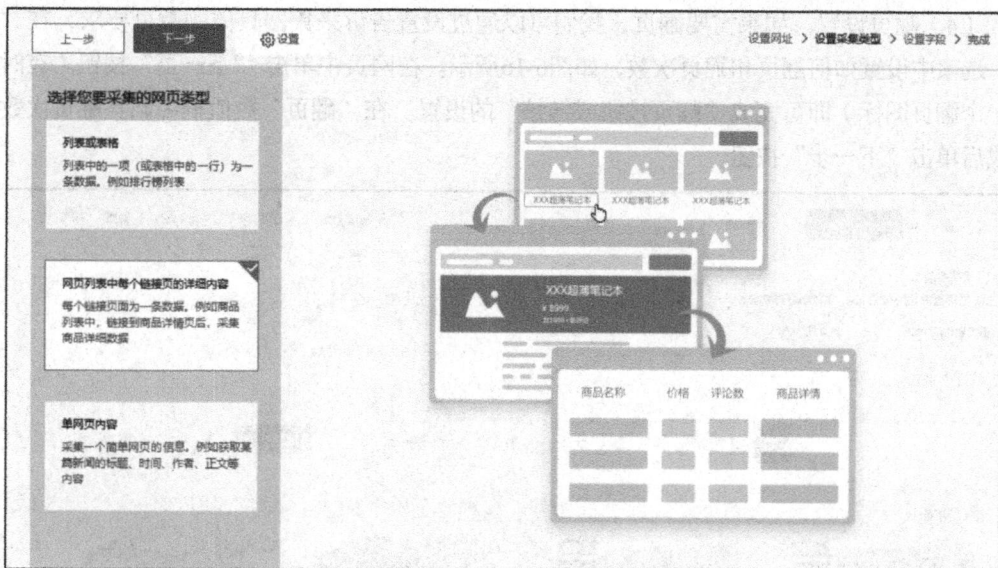

图6-14　设置采集类型

选择"列表或表格"类型，表格指的是网页内容以表格形式展现，列表指的是网页中同种格式的信息按照顺序排序，表格或列表中的一行为一条数据；选择"网页列表中每个链接页的详细内容"类型即可打开列表页，单击列表页中的每一个信息链接可以进入该信息的详情页；选择"单网页内容"类型，则只采集打开网页的信息，不进行其他页面跳转。这里需要采集当当网图书列表详情页信息，因此选择"网页列表中每个链接页的详细内容"类型，确定后单击"下一步"按钮。

（3）设置列表。设置列表的目的是告诉采集器如何通过列表页进入详情页，如图6-15所示。根据提示要求配置链接列表，依次单击第一个列表和第二个列表能够进入详情页的链接（这里是商品标题），采集器会自动识别所有符合要求的标题链接，并将其放到列表里，完成后单击"下一步"按钮。

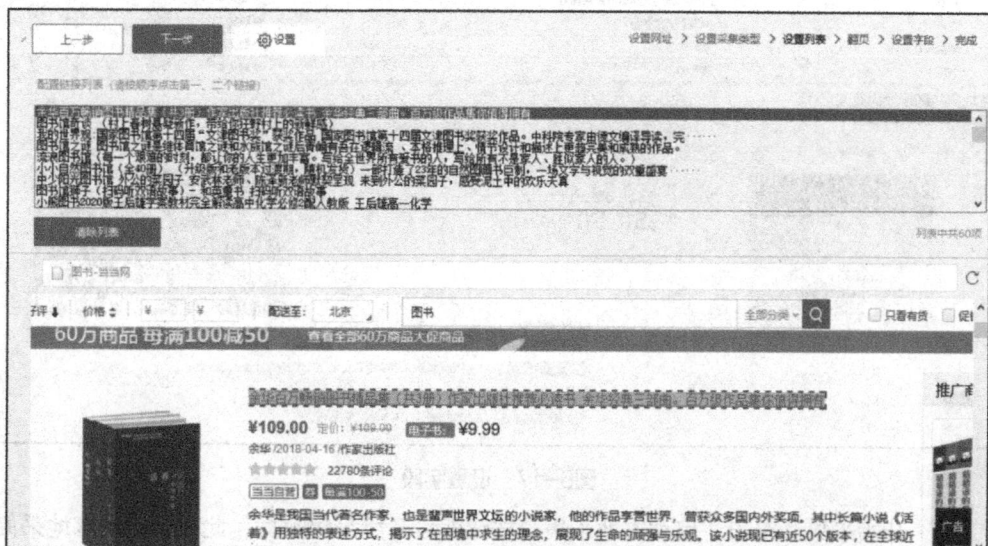

图6-15　设置列表

（4）翻页设置。如果需要翻页，我们可以通过设置告诉采集器具体的翻页要求，在"翻页"选项中设置如何翻页和翻页次数，如图6-16所示。在网页中单击 "下一页"按钮（有时候是一个翻页图标）即可完成"翻页按钮或链接"的设置。在"翻页"数值框中调整翻页次数，完成后单击"下一步"按钮。

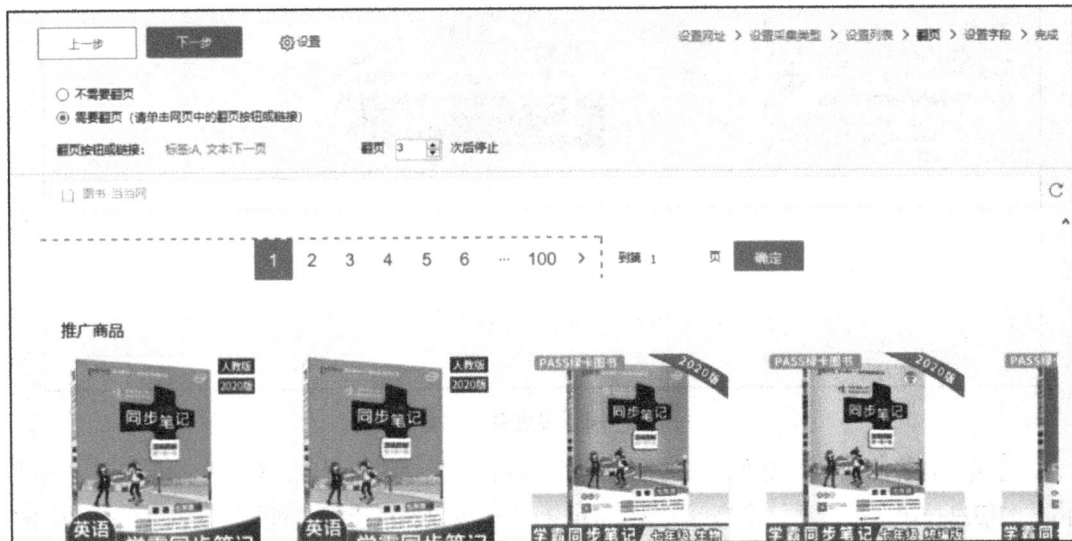

图6-16　翻页设置

（5）设置字段。设置字段的目的是确定用户要采集的具体内容，如图6-17所示。用户依次在网页里单击需要采集的字段，字段会自动添加到"配置抓取模板"列表中，用户可以手动设置字段名称，完成后单击"下一步"按钮。

图6-17　设置字段

（6）开始采集。单击"启动本地采集"按钮即可开始采集数据，此时"启动本地采集"按钮变成"停止采集"按钮，如图6-18所示。

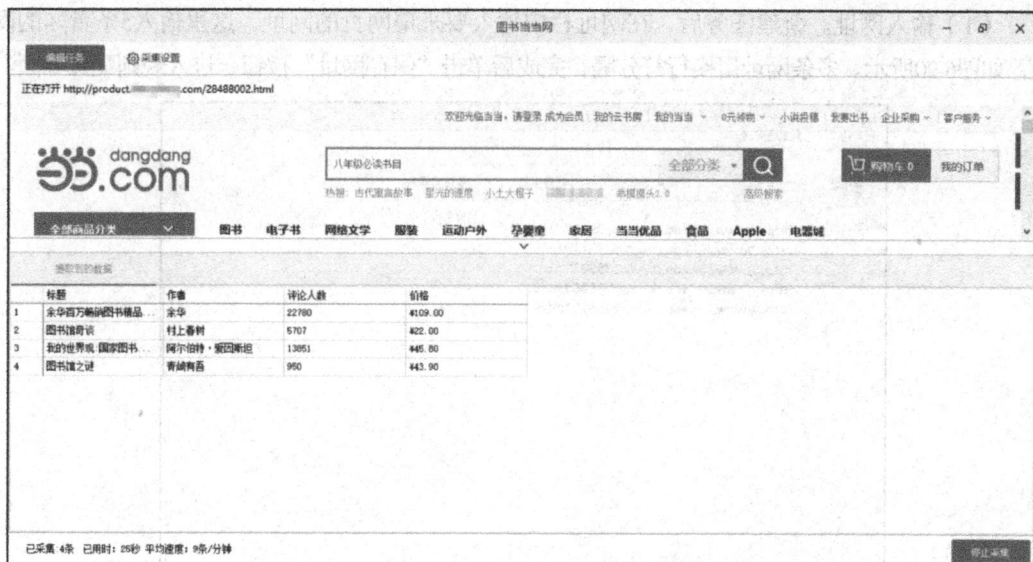

图6-18　开始采集

采集界面上方为浏览器窗口，用户可查看具体的采集步骤。采集界面下方为采集到的数据，同时显示了具体的采集时间和采集数量。可随时停止采集或等待数据采集完成，单击下方的"导出数据"按钮进入数据导出界面。

（7）数据导出。图6-19所示为数据导出对话框，用户可以根据自己的需求选择导出数据的格式，采集器为用户提供了Excel、CSV文件、HTML文件和数据库等方式，数据库支持MySQL、SQL Server及Oracle。

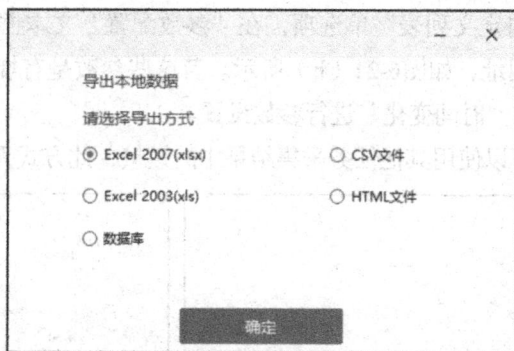

图6-19　数据导出对话框

（三）自定义模式采集

用户熟练掌握八爪鱼采集器后，可以使用自定义模式进行数据采集。该模式需要用户自己配置采集规则，规则的配置主要围绕模拟用户浏览网页的操作进行，主要流程包括：输入网址→创建规则→查看流程→开始采集。

接下来分别介绍单网页列表信息采集和分网页列表详情页信息采集，以安徽商贸职业技术学院官网为例进行演示。

1．单网页列表信息采集

这里我们以采集安徽商贸职业技术学院中5条新闻的信息为例进行讲解。

（1）输入网址。新建任务后，在网址栏中输入要采集网页的网址，这里输入5条新闻的网址，如图6-20所示。多条网址用换行符分隔，完成后单击"保存网址"按钮，进入规则配置界面。

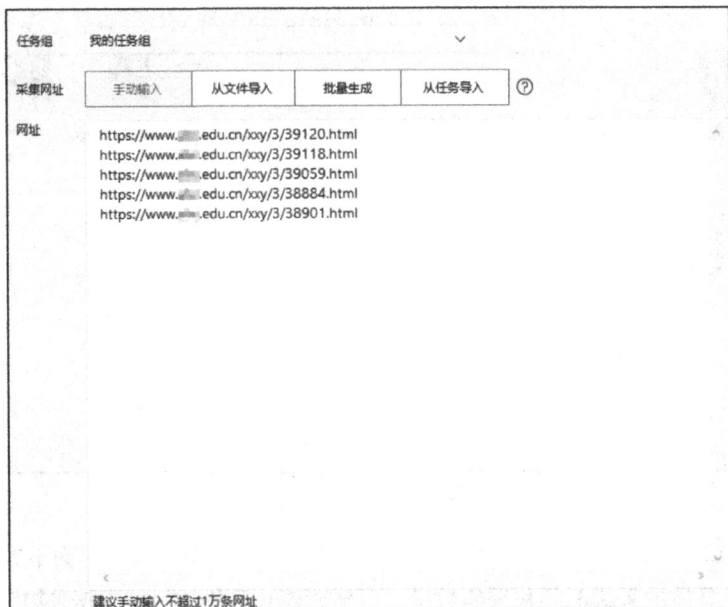

图6-20　输入网址

在这里也可以通过从文件导入、批量生成和从任务导入的方式输入网址。

从文件导入的方式支持CSV、XKS、XLSX、TXT文件格式，最多可放100万条网址。

批量生成的方法如图6-21（a）所示，在"网址格式"中输入5条网址中相同的部分，在添加参数对话框中选中"自定义列表"单选项，在"参数配置"文本框中输入特定参数，单击"确定"按钮即可生成网址，如图6-21（b）所示。若这些参数是有规律的，也可以选择"数字变化""字母变化"或"时间变化"进行参数设置。

从任务导入的方式可以使用其他任务采集结果中的链接，此方式无链接数量限制。

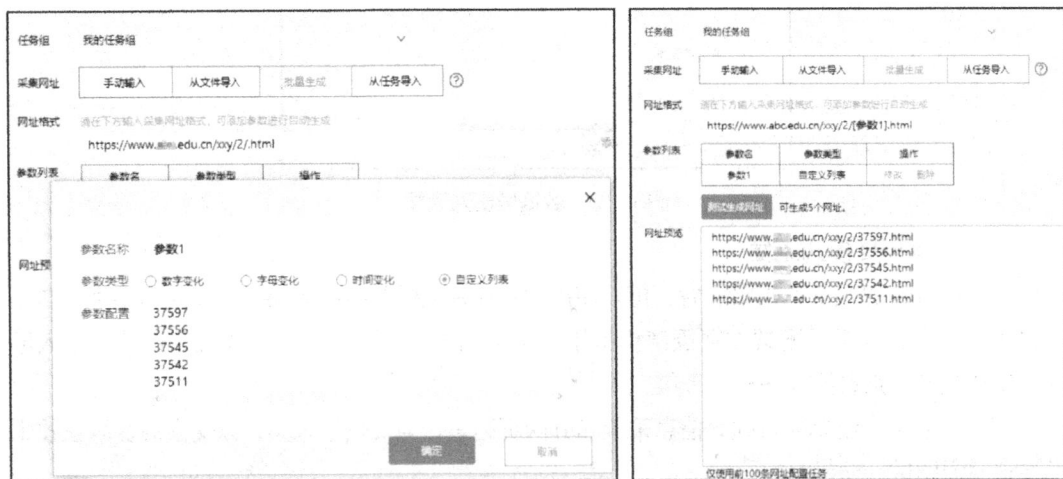

（a）

（b）

图6-21　输入网址——批量生成

（2）创建规则。分别单击需要采集的字段，如新闻标题、新闻发布时间、新闻作者和正文，单击对话框中的"采集数据"按钮，如图6-22所示。

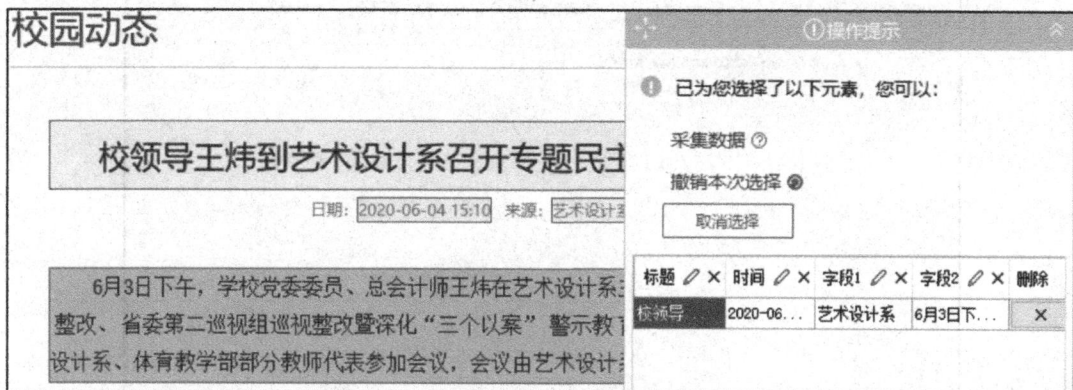

图6-22　创建规则

（3）查看流程。单击界面右上角的"流程"滑块，在流程中查看刚刚配置的规则，如图6-23所示。图片左侧为流程图，通常情况下自动生成的流程图是没有问题的，如果存在问题，就可以手工拖动进行调整；图片右侧为刚刚设置的采集字段，在这里可以进行修改字段名称、调整字段顺序、添加特殊字段等其他高级应用操作。

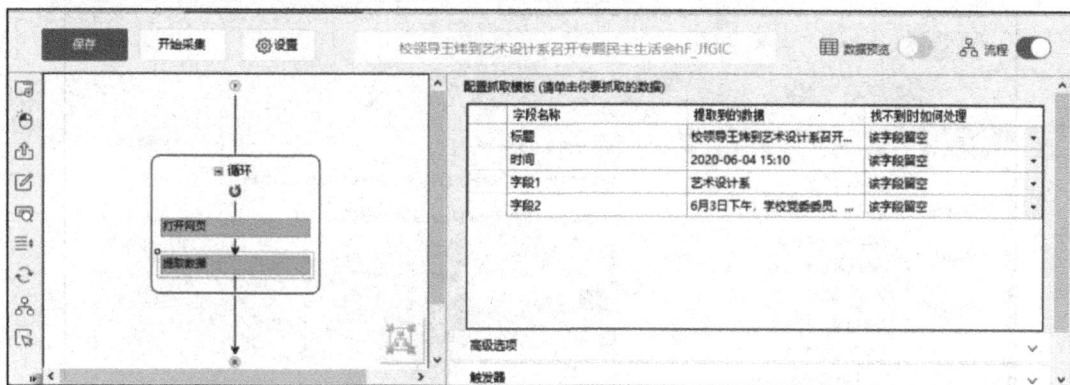

图6-23　查看流程

（4）开始采集。确认无误后，单击界面左上角的"开始采集"→"启动本地采集"即可开始采集数据。采集完成后选择需要的类型导出数据即可。

2．分网页列表详情页信息采集

以采集安徽商贸职业技术学院"安商新闻"中每个新闻详情页的信息为例进行讲解。

（1）输入网址。

新建任务后，在"网址"栏中输入要采集网页的网站，如图6-24所示。完成后单击"保存网址"按钮，进入规则配置界面。

（2）创建规则。

① 设置翻页。单击"下一页"按钮，在弹出的对话框中单击"循环单击下一页"按钮，即可完成翻页设置。此时页面会自动跳转到第二页，接着在此页面上进行下一步规则配置，同时也不会丢失第一页的信息，如图6-25所示。

图6-24　输入网址

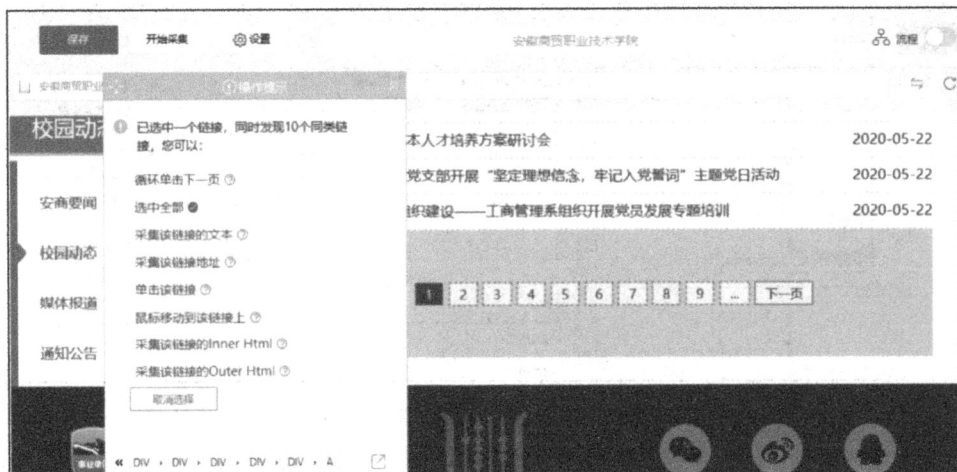

图6-25　创建规则——设置翻页

② 进入详情页。单击可以进入详情页的链接，这里为新闻标题。单击第一个新闻标题，此时采集器会默认定位所有同类型的标题；如果定位无误，在弹出的对话框中选择"选中全部"→"循环单击每个链接"，如图6-26所示，此时会默认进入第一个新闻的详情页。

③ 设置采集字段。分别单击需要采集的字段，如新闻标题、新闻发布时间、新闻作者和正文，单击对话框中的"采集数据"按钮，确认采集。

（3）查看流程。单击右上角的"流程"滑块，在流程中查看刚刚配置的规则，如图6-27所示。

（4）开始采集。确认无误后，单击页面左上角的"开始采集"→"启动本地采集"即可开始采集数据。采集完成后选择需要的类型导出数据即可。

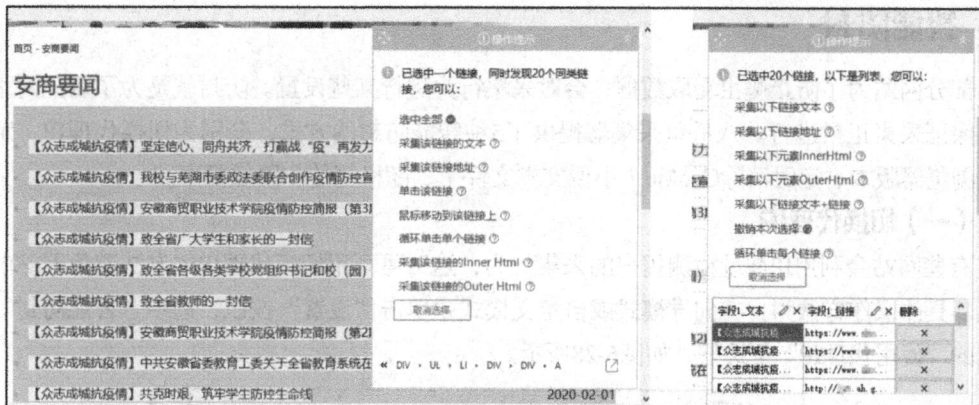

图6-26 创建规则——进入详情页

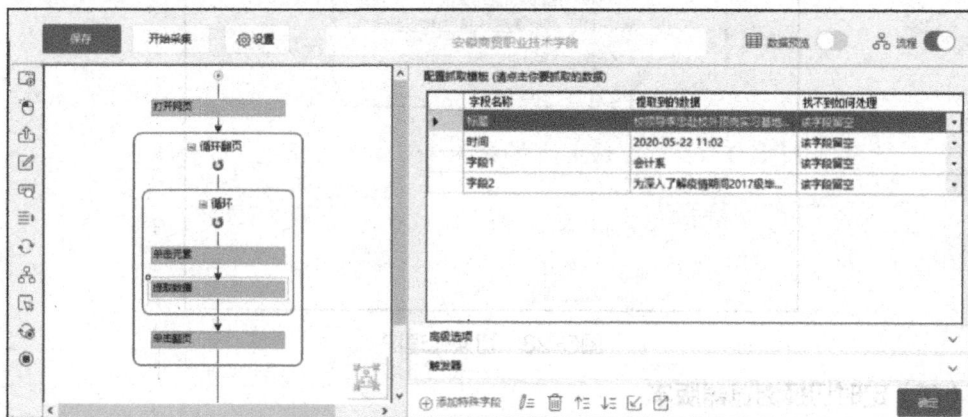

图6-27 查看流程

任务二 掌握采集器数据采集功能

【典型工作任务】

是否有人统计过，我们每人每天能生产多少数据？手环上的睡眠数据、上班的交通数据、吃饭的餐饮数据、网购的消费数据、看网剧的浏览数据、发微博的舆论数据，我们每天都在"制造"大量的数据。大数据正是由我们每个人日常产生的点滴数据汇聚而成的数据"海洋"。

八爪鱼采集器作为大数据时代的智能爬虫软件，能够将碎片化、散布于网络角落里无法形成价值的数据汇聚成一个巨大的"数据宝库"，这个"数据宝库"在八爪鱼采集器与社会各行业专家的合作下，结合各领域专业背景知识，衍生出不同领域的行业智能解决方案，将数据的巨大价值"反哺"于社会，如政府、公安刑侦、金融、教育、房地产、企业经营等。

【任务思考】

通过学习项目六中的任务一，我们对八爪鱼采集器的采集方法已经有了初步的了解。但是在进行数据采集的过程中，面对不同的网站，时常需要一些特殊的功能帮助我们更加完整和准确地采集数据，如图片采集、判断条件、XPath定位等，这该如何操作呢？任务二主要介绍在采集中需要用到的一些特殊功能。

一、智能防封

部分网站为了防止爬虫爬取数据，会对采集行为进行某些设置。防封就是为了避免网站检测，保证采集正常进行。八爪鱼采集器提供了5种智能防封的方式，分别为切换代理IP、定时切换浏览器版本、定时清除Cookie（小型文本文件）、随机等待和降低频率。

（一）切换代理IP

有些网站会利用IP地址检测用户的采集行为，这时可利用切换代理IP的方法避免网站的防采集。具体操作方法为：在向导模式或自定义模式中单击"设置"按钮，选中"智能防封"区域里的"使用代理IP"复选框，如图6-28所示。

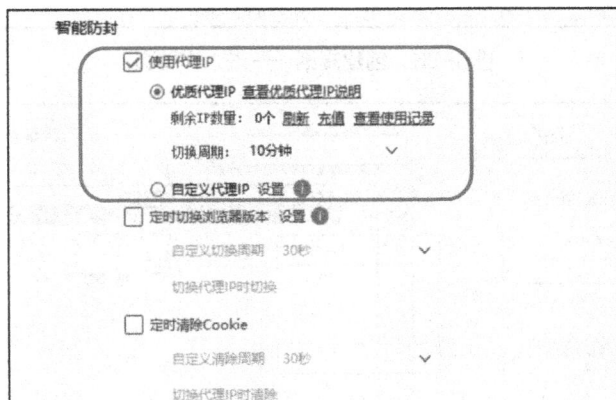

图6-28　切换代理IP

（二）定时切换浏览器版本

有些网站会利用多种方式检测用户的采集行为，如检测用户的使用习惯、浏览器版本、操作方式等，这时我们可以使用定时切换浏览器版本的方法避免防采集。具体操作方法为：在向导模式或自定义模式中单击"设置"按钮，选中"智能防封"区域里的"定时切换浏览器版本"复选框，如图6-29所示。

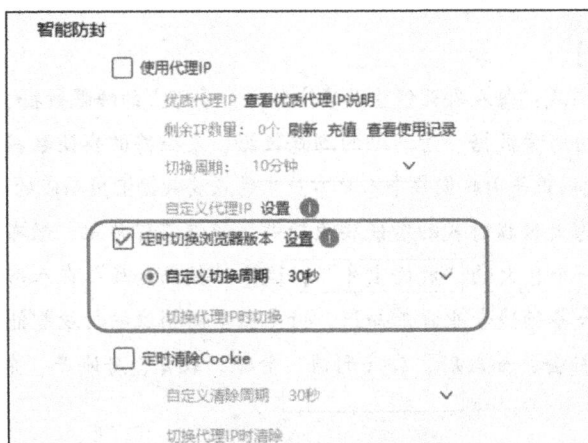

图6-29　定时切换浏览器版本

（三）定时清除Cookie

Cookie是指某些网站为了辨别用户身份，进行会话控制（session）跟踪而储存在用户本地终端上的数据。针对某些使用Cookie的网站，重复通过网址打开行为可能会导致防采集，对于这种情况我们只需定时清除Cookie就可以避免防采集了。具体操作方法为：在向导模式或自定义采集模式中单击"设置"按钮，选中"智能防封"区域里的"定时清除Cookie"复选框，如图6-30所示。

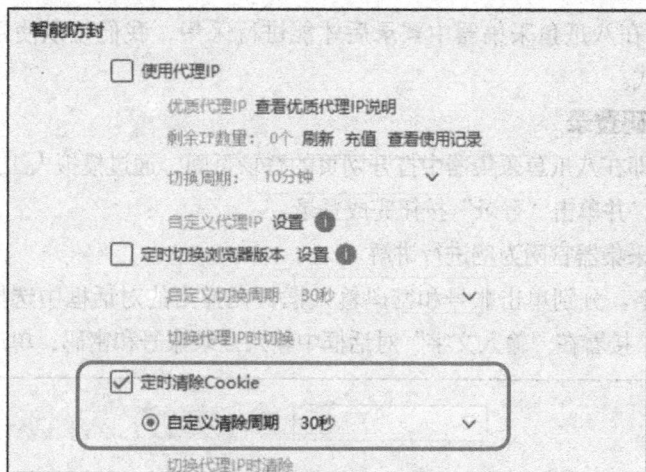

图6-30　定时清除Cookie

（四）随机等待

　　某些网站是通过用户操作行为进行防采集检测的，如记录每次单击翻动之间的间隔时间，如果间隔时间一致，则网站判断为爬虫，从而进行防采集，这时可以使用随机等待的方法进行智能防封。具体操作方法为：将流程图中各步骤中的"执行前等待"设置为"随机等待1~30秒"，这样每次单击都会进行随机等待，避免网站检测用户行为，如图6-31所示。

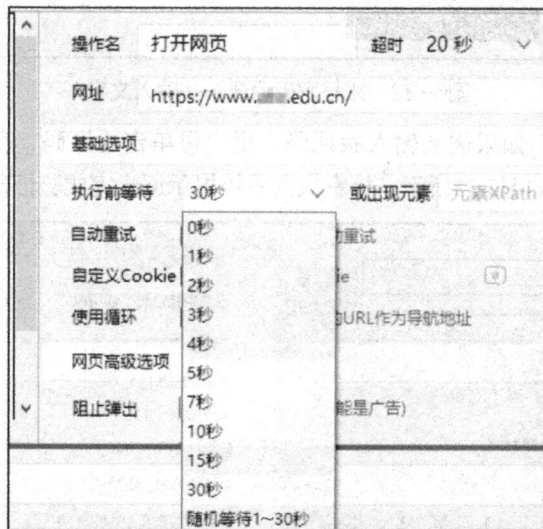

图6-31　随机等待

（五）降低频率

　　某些网站会检测用户一段时间内的访问次数，如每分钟不超过20次，否则网站就会认定"该访问者"为爬虫，从而进行防采集。对于这种网站，我们可以通过降低访问频率来避免防采集。具体操作方法为：通过设置"执行前等待"选项，延长每个步骤的操作时间，降低访问频率。

二、登录采集

有些网页需要在八爪鱼采集器中登录后才能进行采集，我们可以使用账号密码登录和Cookie登录两种方式。

（一）账号密码登录

账号密码登录即在八爪鱼采集器中打开网页的登录页面，通过模拟人工操作的方式，进行账号和密码的确认，并单击"登录"按钮完成登录。

以登录八爪鱼采集器官网为例进行讲解。

（1）输入文字。分别单击账号和密码输入框，在弹出的对话框中选择"输入文字"选项，如图6-32所示。接着在"输入文字"对话框中输入登录账号和密码，单击"登录"按钮。

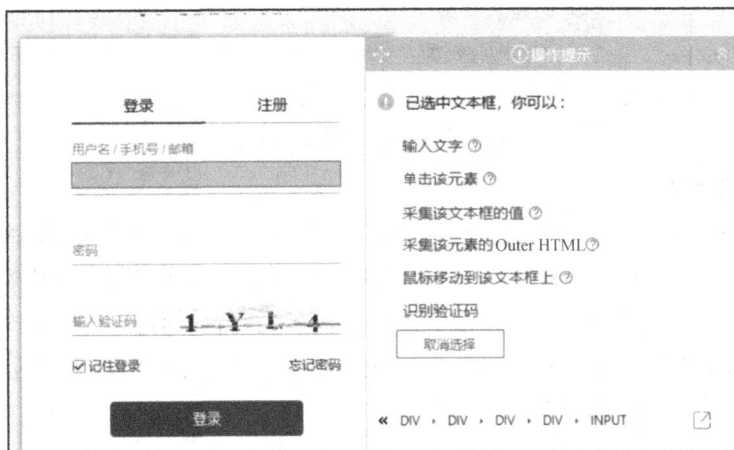

图6-32 账号密码登录——输入文字

（2）识别验证码。如果需要输入验证码，用户可单击验证码，在弹出的对话框中选择"识别验证码"选项，如图6-33所示。接着根据系统提示逐步完成验证码的识别操作。

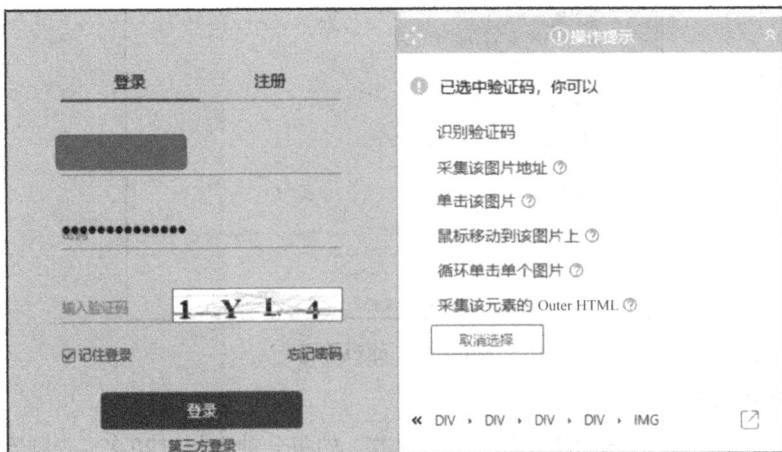

图6-33 账号密码登录——识别验证码

（3）提交验证码。单击页面右上角的"流程"滑块，在流程界面选择"辅助模式选项"，在"当前验证码"输入框中输入正确的验证码，单击"应用到网页并提交"按钮即可登录网页，如图6-34所示。

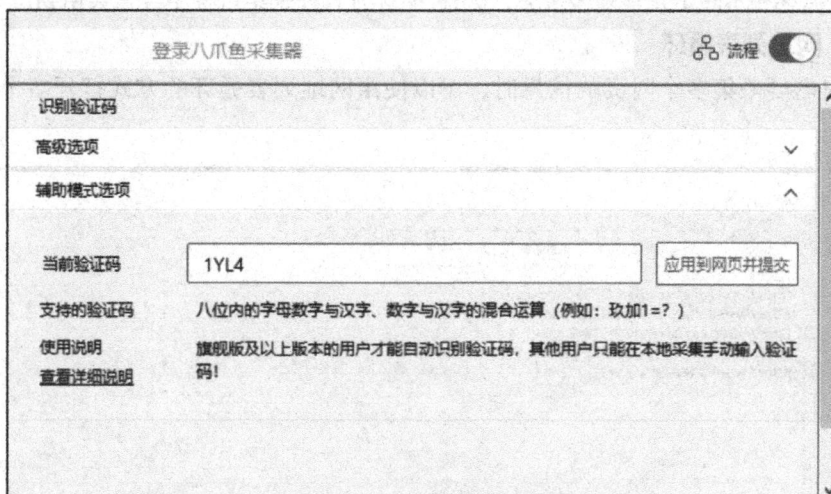

图6-34　单击"应用到网页并提交"按钮

（二）Cookie登录

Cookie登录利用了浏览器中的缓存设置，Cookie缓存了当前的网页状态，用户利用它可以快速进入当前状态的页面。每个网站的Cookie机制不一样，有些网站的Cookie一年后还有效，有些网站可能新打开一个网页、换台笔记本电脑或者几分钟后就失效了，对于这类网站就不建议使用Cookie登录的方式，所以我们需要视情况而定。

同样以登录八爪鱼采集器官网为例进行讲解。在刚刚登录的页面中，单击流程中的"打开网页"按钮，选中"自定义Cookie"栏中的"使用指定的Cookie"复选框，如图6-35所示。单击"获取当前页面Cookie"按钮，即可获取当前网页的Cookie，如图6-36所示，之后再次打开八爪鱼采集器就会完成自动登录。

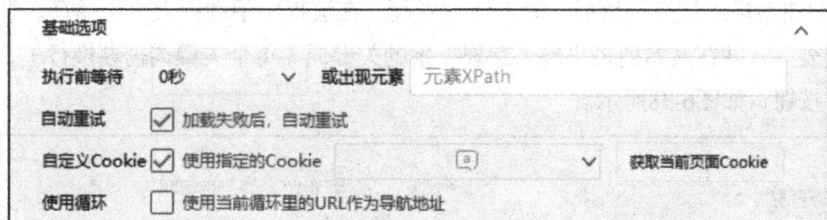

图6-35　自定义Cookie

图6-36　获取当前页面Cookie

三、循环方式

八爪鱼采集器有五大循环方式，分别为网址列表循环、文本列表循环、单个元素循环、固定元素列表循环和不固定元素列表循环，这5种循环方式在采集过程中经常会用到。

（一）网址列表循环

当用户需要采集多个网页的信息时，可以使用网址列表循环的方式打开多个网页，如图6-37所示。

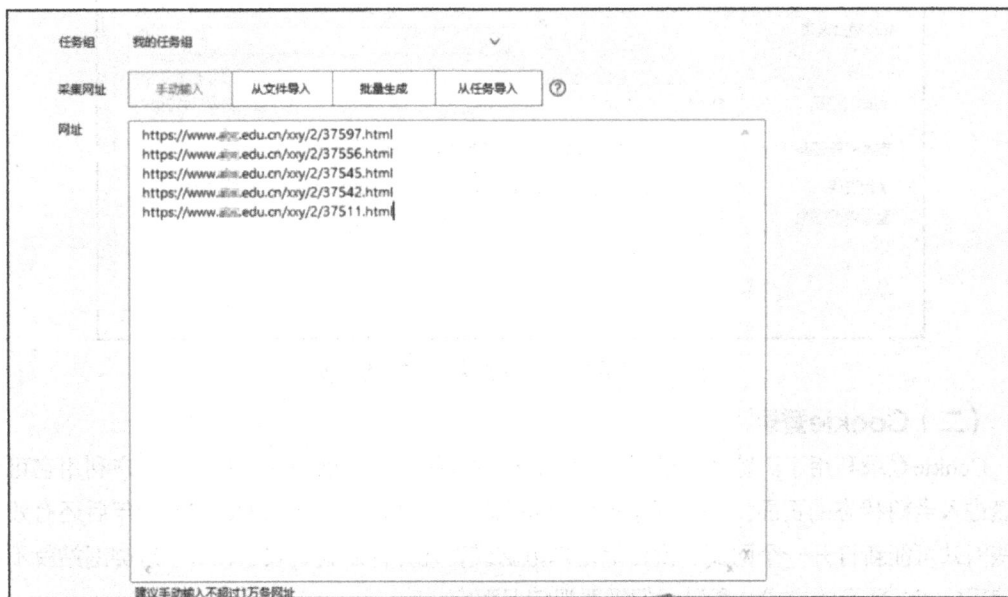

图6-37　网址列表循环

（二）文本列表循环

当用户需要在搜索框中输入多个关键词时，可以使用文本列表循环的方式输入关键词，以百度知道网页为例进行讲解。

（1）创建循环。打开网页后，单击流程界面，在流程中手动拖入一个循环，循环方式设为"文本列表"，并在文本列表里输入想要搜索的关键词（每个关键词需要换行），完成后单击"确定"按钮，如图6-38所示。

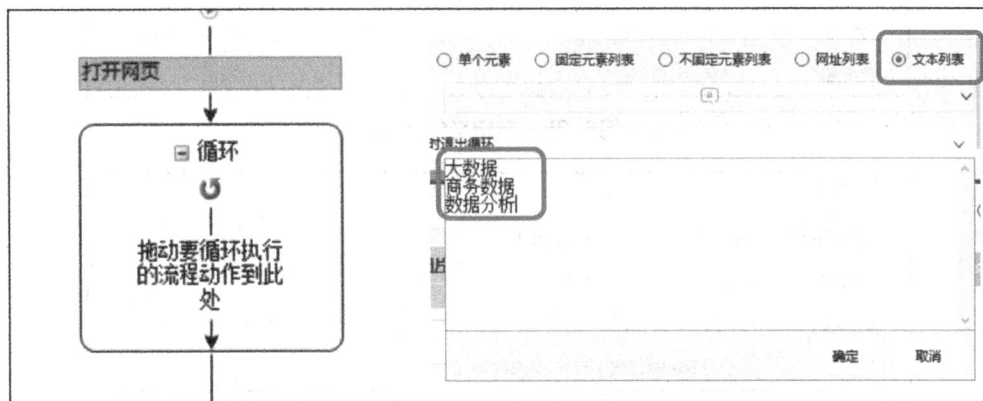

图6-38　创建循环

（2）创建输入文字。退出流程界面或直接在流程界面下方继续操作。单击搜索文件框，在弹出的对话框中选择"输入文字"选项，接着在弹出的对话框中直接单击"确定"按钮，如图6-39所示。单击"搜索答案"按钮，在弹出的对话框中选择"单击该按钮"选项。

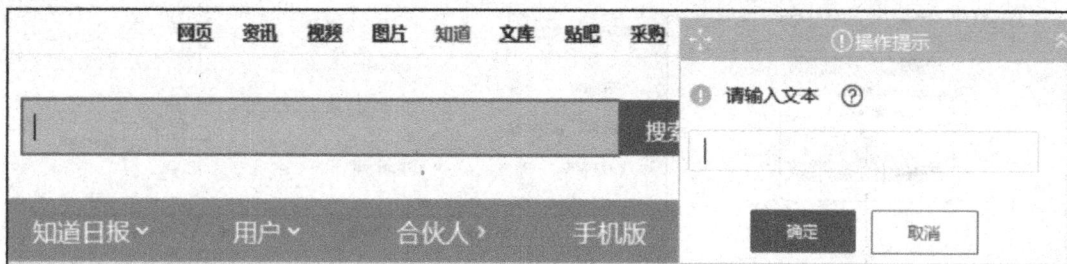

图6-39　创建输入文字

（3）修改流程。返回流程界面，将"输入文字"和"单击元素"两步操作拖入循环框中，如图6-40所示。

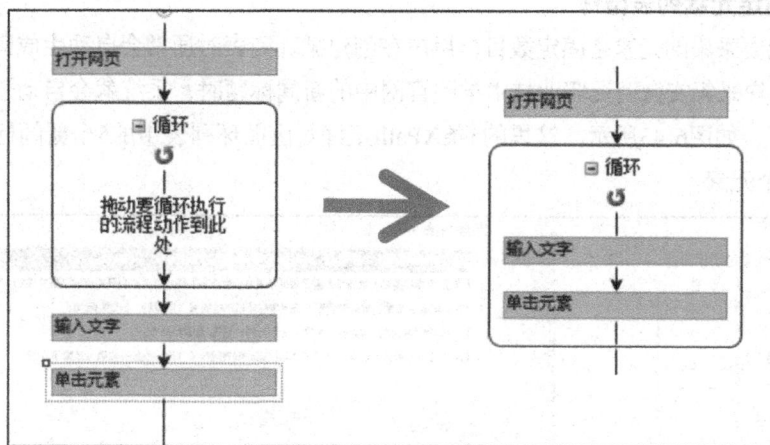

图6-40　修改流程

（4）使用循环。选中输入文字，在"使用循环"栏中选中"使用当前循环里的文本来填充输入框"复选框并单击"确定"按钮，如图6-41所示。完成后就可以提取想要采集的数据了。

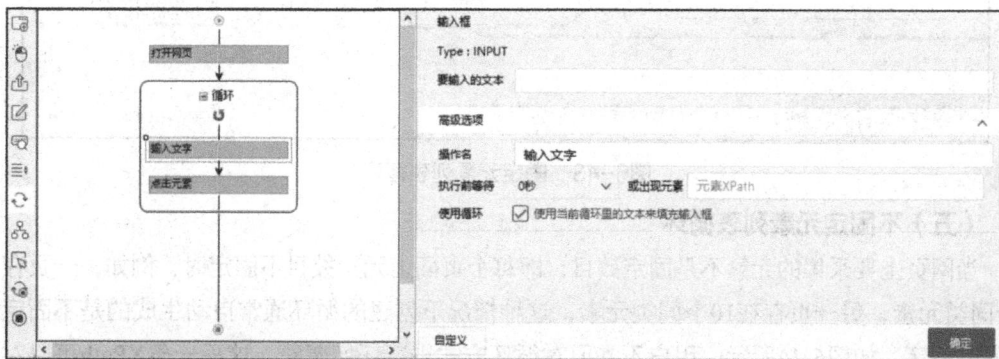

图6-41　使用循环

（三）单个元素循环

如果用户需要循环单击页面中的某一个按钮，可以使用单个元素循环，如在循环中单击下一页按钮进行翻页时,如图6-42所示。当用户创建了单击下一页循环翻页规则后,采集器默认这种循环方式为单个元素循环,"单个元素"文本框中的内容为能够定位到"下一页"标签的XPath(一条XPath定位一个元素)。

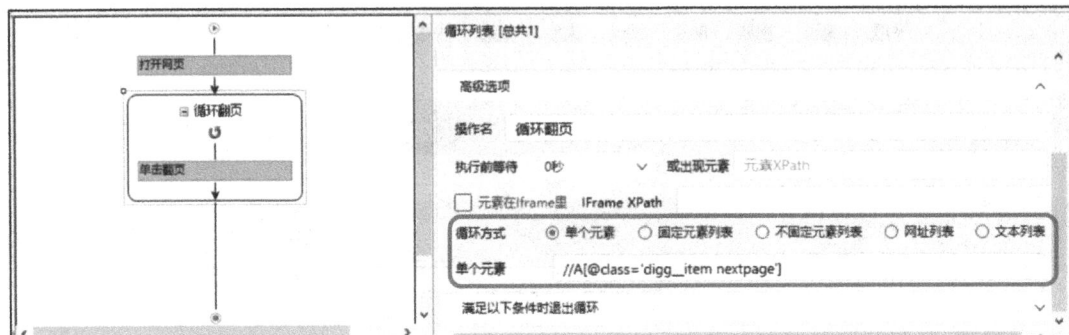

图6-42　单个元素循环

(四)固定元素列表循环

当网页上要采集的元素是固定数目,用户在创建循环列表时通常会自动生成固定元素列表循环。例如用户采集安徽商贸职业技术学院官网中的新闻标题时,系统就会自动创建一个固定元素列表循环,如图6-43所示。这里的5条XPath正好对应循环列表中的5个新闻标题,即一条XPath对应一个元素。

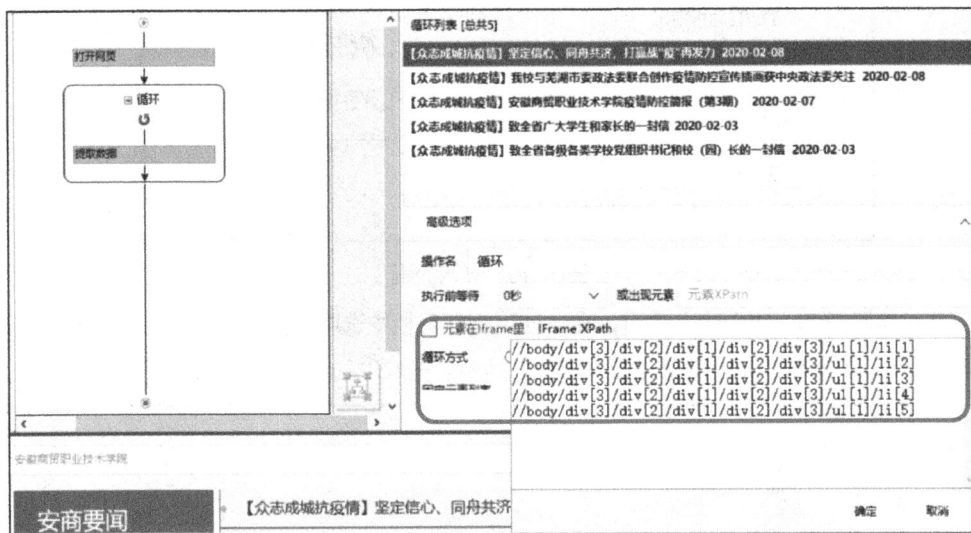

图6-43　固定元素列表循环

(五)不固定元素列表循环

当网页上要采集的元素不是固定数目,即每个页面上元素数目不固定时,例如,一页存在7个同类元素,另一页存在10个同类元素,这种情况下创建的循环通常自动生成的是不固定元素列表循环,如图6-44所示。用户不需要对循环方式进行任何调整。这里一条XPath可以对应循环列表中的10条信息。

当我们学会使用XPath后,也可以通过修改XPath的方式将固定元素列表循环调整为不固定元素列表循环。

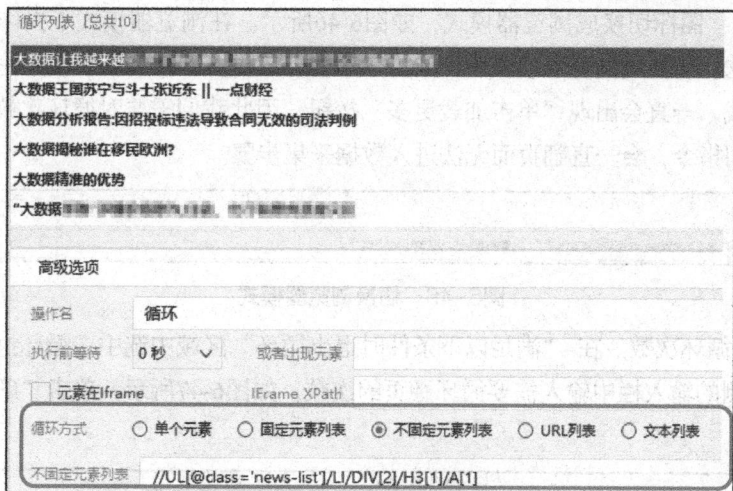

图6-44 不固定元素列表循环

四、翻页操作

当用户需要采集网页上的多条页面信息时,可通过创建翻页循环来完成,但是由于各网页结构不一致,有的网页用"下一页"按钮进行翻页,有的网页则用数字形式的按钮进行翻页,还有的网页通过"加载更多"进行翻页等,因此用户也需要运用不同的方式创建翻页循环。下面介绍两种创建特殊翻页循环的方式。

(一)通过"加载更多"进行翻页

适用情况:要采集的网页中,有"加载更多"或者"再显示20条"等按钮,单击这些按钮之后,需要采集的数据才会完全显示出来。我们以CCTV新闻网站为例进行讲解,这里仅介绍创建翻页循环的步骤。

(1)创建翻页循环。打开网页后,翻到网页底部,单击"单击加载更多"按钮。在弹出的对话框中选择"循环单击单个元素"选项,如图6-45所示。

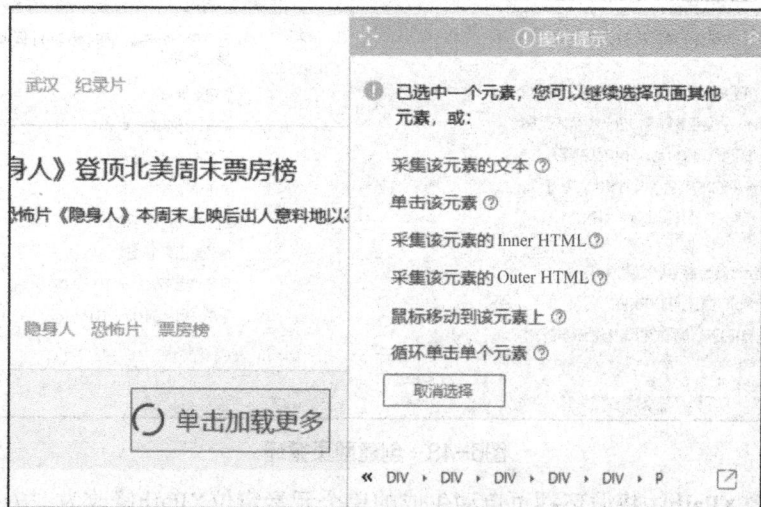

图6-45 创建翻页循环

（2）单击 图标切换成浏览器模式，如图6-46所示。在浏览器模式下操作网页不会影响采集规则的建立。切换成浏览器模式后，单击"单击加载更多"按钮，发现无论单击多少次，页面一直在加载，一直会出现"单击加载更多"按钮，因此我们需要对循环次数进行设置，否则采集器收不到指令，会一直翻页而无法进入数据采集步骤。

图6-46　切换浏览器模式

（3）设置循环次数。在"满足以下条件时退出循环"区域中选中"循环执行次数等于"复选框，在右侧的输入栏中输入需要循环翻页的次数，如图6-47所示，单击"确定"按钮即可完成设置。

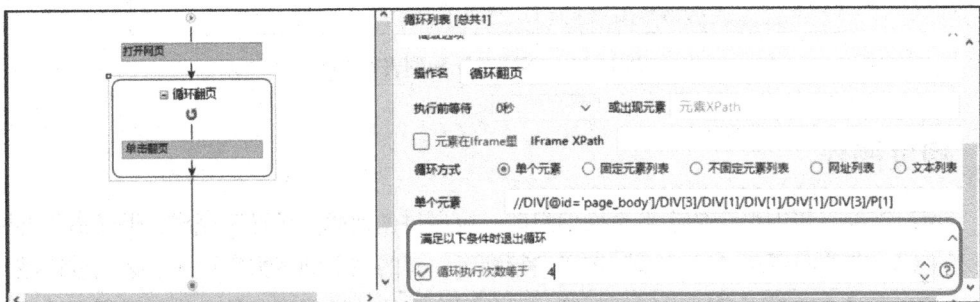

图6-47　设置循环次数

（4）循环翻页创建完成后，即可进行字段采集。

（二）通过数字进行翻页

适用情况：要采集的页面上没有翻页按钮，只有一排页码，这时候我们只能通过数字进行翻页。以金投股票网为例进行讲解，这里仅介绍创建翻页循环的步骤。

（1）创建翻页循环。打开网页后，单击页码框中的任意一个数字，在弹出的对话框中选择"循环单击单个链接"选项，创建循环翻页，如图6-48所示。

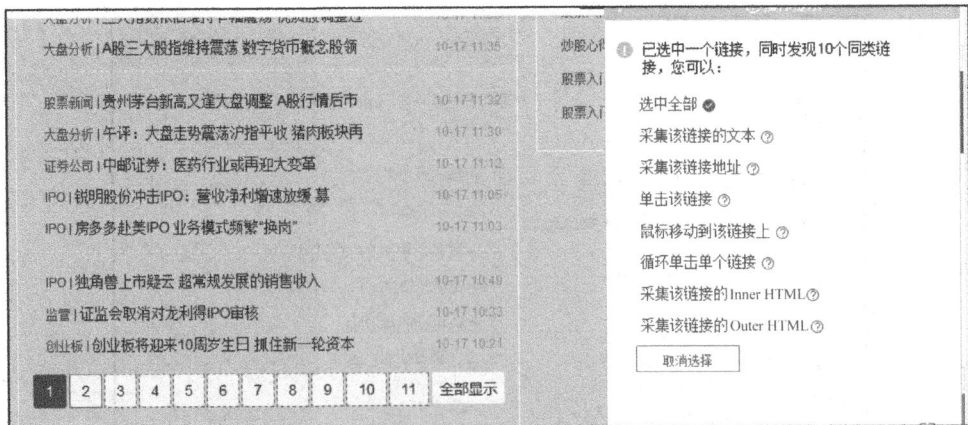

图6-48　创建翻页循环

（2）修改XPath。将循环翻页自动生成的单个元素定位XPath修改为"//span[@class="thisclass"] /following-sibling::a[1]"，替换原有的XPath，如图6-49所示。

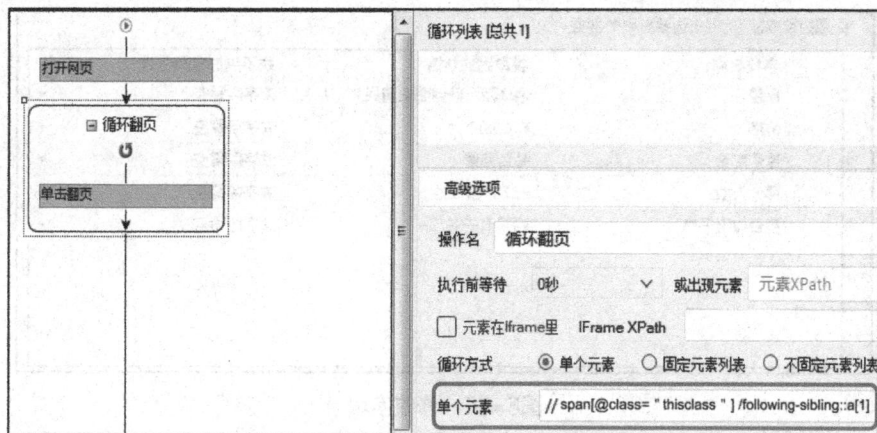

图6-49 修改XPath

（3）循环翻页创建完成后，即可进行字段采集。

五、判断条件

在采集过程中，用户有时需要采集网页中含有某些特征的数据，而忽略其他的数据，这时可以利用判断条件进行分支判断操作，判断某一条件（如关键词）是否存在；存在就采集，不存在则不采集。

在判断条件中可以设置多种条件，包括"当前页面包含文本""当前页面包含元素""当前循环项包含文本""当前循环项包含元素"等。针对不同的条件，分支会从左往右进行判断，条件满足时进行操作，条件不满足时则右移一个条件再判断，直到条件判断完或条件满足为止。

以当当网为例，采集图书商品类目下含有"购买电子书"字段的信息，不含有该字段的信息则不采集。

（1）选择字段。打开网页，将鼠标指针放在第一个列表下，当第一个列表变成蓝色后，单击即可选中第一个列表下的所有子元素，如图6-50所示。接着再按照同样的方法单击第二个列表，此时采集器会默认定位第一页所有列表下的子元素，在弹出的对话框中选择"选中全部子元素"→"采集以下数据"选项，即可完成字段选择。

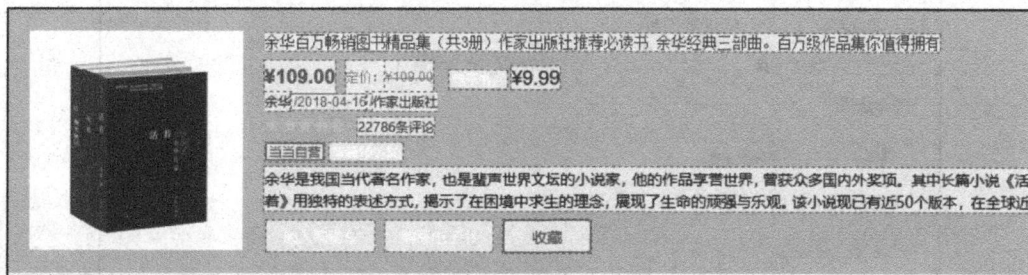

图6-50 选择字段

（2）修改字段。在流程中将不需要或者重复的字段删除，并重新为字段命名，如图6-51所示。

配置抓取模板 (请点击你要抓取的数据)

字段名称	提取到的数据	找不到时如何处理
标题	余华百万畅销图书精品集 (共3...	该字段留空 ▼
价格	¥109.00	该字段留空 ▼
是否自营	当当自营	该字段留空 ▼
评分人数	22786条评论	该字段留空 ▼
是否有电子书	购买电子书	该字段留空 ▼

图6-51　修改字段

（3）添加判断条件。从左边的工具栏中拖动"判断条件"到流程框中，并将提取数据拖入左边的条件分支，如图6-52所示。

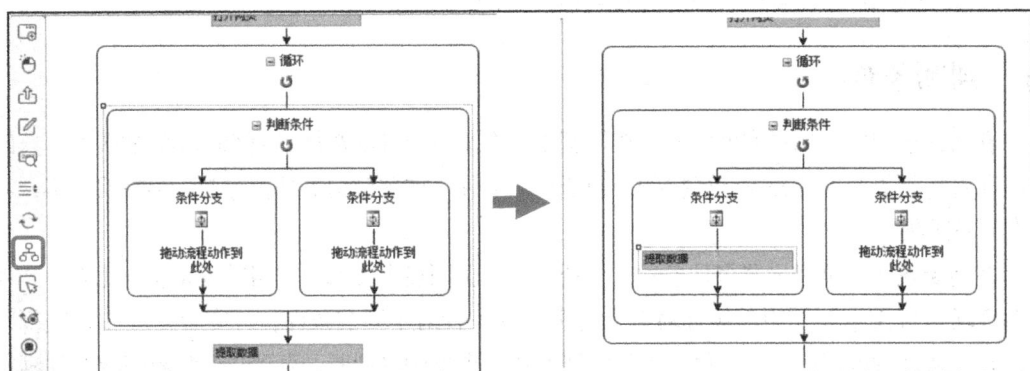

图6-52　添加判断条件

（4）设置判断条件。单击左边的分支，在"什么时候执行分支："区域中选中"当前循环项包含文本"单选项，并在"包含文本"输入框中输入文字"购买电子书"，单击"确定"按钮，即可完成判断条件的设置，如图6-53所示。

图6-53　设置判断条件

（5）单击"开始采集"按钮，在弹出的对话框中选择"启动本地采集"选项即可开始采集数据。图6-54所示为采集结果，在采集的字段中我们可以看到第二本书的列表下不含"购买电子书"这个字段，因此并没有被采集。

	标题	价格	是否自营	评分人数	是否有电子书
1	余华百万畅销图书精品...	¥109.00	当当自营	22786条评论	购买电子书
2	我的世界观：国家图书...	¥45.80	当当自营	13851条评论	购买电子书
3	图书馆之谜 图书馆之...	¥43.90	当当自营	950条评论	购买电子书

图6-54 采集结果

六、XPath数据定位

XPath即为可扩展标记语言（Extensible Markup Language，XML），它是一种用来确定XML文档中某个部分的位置的语言，它可以帮助采集工具查找网页内容在网页中的位置。

网页文档使用超文本标记语言（HTML）。HTML用来显示网页数据，XPath用来在HTML中定位元素。简单来说，XPath利用一条路径表达式，找到我们需要的数据在网页中的位置。

（一）认识HTML

（1）HTML标签是由尖括号包围的关键词，通常成对出现，如<html></html>标签对，其中第一个是开始标签，第二个是结束标签，也有单独呈现的标签。

完整的HTML文件至少包括<html>标签、<head>标签、<title>标签和<body>标签，这些标签都是成对出现的，在开始标签和结束标签之间可添加属性、文本等内容。用户可以通过这些标签中的相关属性，设置页面的背景色、背景图像等。表6-1所示为HTML常用标签及其作用。

表6-1 HTML常用标签及其作用

HTML标签	作用
\<a>\</a>	定义超链接，用于从一个页面链接到另一个页面
\<h1>\</h1>	文本标题标签，最大的标签。从1到6，有6层选择
\<p>\</p>	段落标记标签
\<div>\</div>	可定义文档中的区域或节，把文档分割为不同的部分
\<ul>\</ul>	创建一个列表
\<li>\</li>	创建列表内容项
\<input>	用于搜集用户信息，可以是文本字段、复选框、按钮等
\<img>\</img>	向网页中嵌入一幅图像，从网页中链接图像
\<table>\</table>	创建一个表格
\<tr>\</tr>	定义表格中的每一行
\<th>\</th>	设置表格头，通常是黑体居中文字
\<option>\</option>	设置每个表单项的内容/选项

（2）HTML属性是用来修饰标签的，放在开始标签里。表6-2所示为HTML常用属性及其作用。

表6-2 HTML常用属性及其作用

HTML属性	作用
class	规定元素的类名，大多数时候用于指定样式表中的类
id	唯一标识一个元素的属性，在HTML里面必须是唯一的
href	指定超链接目标的URL
src	引用图像文件的URL

（二）查看HTML

如何在网页中查看HTML呢？我们可以利用Goolge浏览器进行查看，具体操作方法如下。

（1）调出网页文档。在Goolge浏览器中用鼠标右键单击"检查"选项，即可调出查看网页文档的对话框，按"Ctrl+F"组合键即可弹出底端的输入框，如图6-55所示。

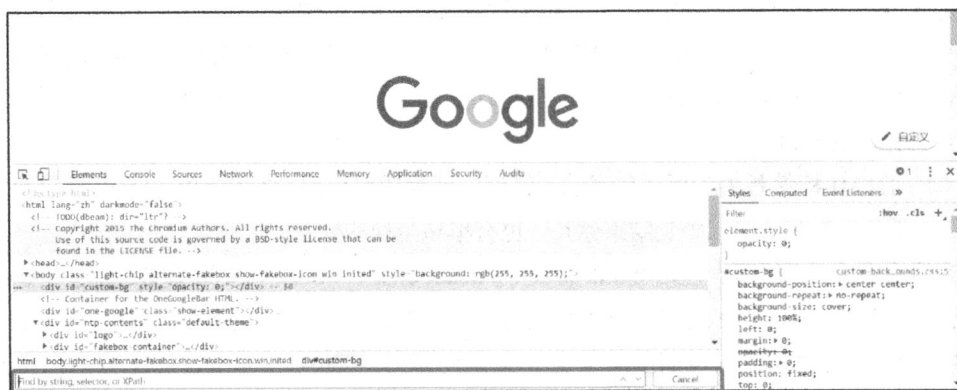

图6-55 调出网页文档

（2）查看HTML。单击 按钮，当按钮变成蓝色后，在网页中选择想要查找的内容后单击，在网页文档中即可显示这个内容对应的HTML，如图6-56所示。

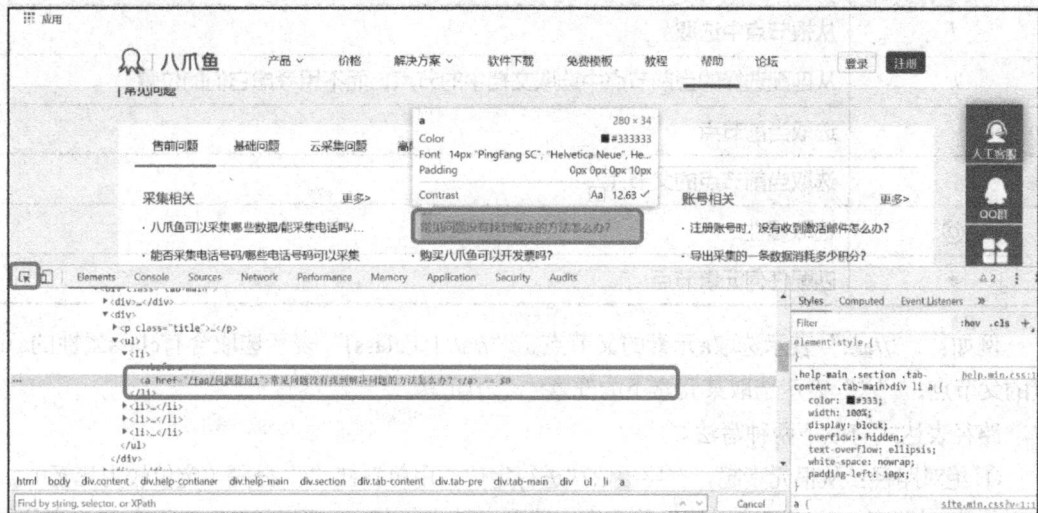

图6-56 查看HTML

（3）复制XPath。在网页文档内对应位置的HTML处单击鼠标右键，在弹出的快捷菜单中选择"Copy"→"Copy XPath"命令，即可复制对应内容的XPath。

（三）认识XPath

1．XPath节点

在XPath中，所有事物都是节点。XPath共有7种类型的节点：元素、属性、文本、命名空间、处理指令、注释、文档（根）。

节点关系是指节点与节点之间的关系，通过包含与被包含关系区分，表6-3所示为XPath中的5个节点关系。

表6-3 XPath中的5个节点关系

XPath节点	节点关系
父（Parent）	每个元素以及属性都有一个父
子（Children）	元素节点可有零个、一个或多个子
兄弟（Sibling）	拥有相同的父的节点
先辈（Ancestor）	某节点的父、父的父等
后代（Descendant）	某节点的子，子的子等

2．XPath路径表达式

路径表达式是对于节点的描述性语言，用来选取指定节点。路径表达式中的所有符号必须是在英文状态下输入的。下面介绍路径表达式的语法。

（1）选取节点。

选取节点常用的元素："/""//""."".""@""*"，"*"表示通配符，各节点元素及其功能如表6-4所示。

表6-4　各节点元素及其功能

选取节点的元素	功能
/	从根节点中选取
//	从匹配选择的当前节点中选取文档中的节点，而不用考虑它们的位置
.	选取当前节点
..	选取当前节点的父节点
@	选取属性
*	匹配任何元素节点

例如："//a/.."表示选取a元素的父节点，"//a/..[@class]"表示选取含有class属性的a元素的父节点，"/*"表示选取某元素下的任意一个子元素。

路径表达式有以下两种写法。

① 绝对路径：从根元素起，一层层依次进行定位，用单斜杠"/"分隔（定位较为死板）。

② 相对路径：从匹配选择的当前节点中选取文档中的节点，用双斜杠"//"分隔（定位较为灵活）。

（2）XPath轴

XPath轴定义当前节点和其他节点之间的关系。利用XPath轴，我们可以通过一个节点找到另外一个节点，表6-5所示为常见的XPath轴及其功能。

表6-5　常见的 XPath轴及其功能

XPath轴	功能
ancestor	选取当前节点的所有先辈（父、祖父等）
ancestor-or-self	选取当前节点的所有先辈（父、祖父等）以及当前节点本身
attribute	选取当前节点的所有属性
child	选取当前节点的所有子元素
descendant	选取当前节点的所有后代元素（子、孙等）
following	选取文档中当前节点的结束标签之后的所有节点
following-sibling	选取当前节点之后的所有同级节点
parent	选取当前节点的父节点
preceding	选取文档中当前节点的开始标签之前的所有节点
preceding-sibling	选取当前节点之前的所有同级节点

例如："/h3/following-sibling::*"表示h3后面所有兄弟元素，"::"为固定格式，"*"为通配符；"/h3/following-sibling::ul"表示h3后面所有为ul的兄弟元素。

（3）XPath函数。

XPath函数可以通过简单的调用实现一些特殊的功能，表6-6所示为常用的XPath函数及其功能。

表6-6 常用的XPath函数及其功能

XPath函数	功能
text( )	文本定位位置，精确匹配
contains( )	判断字符串的一部分，模糊匹配
starts-with	匹配一个属性开始位置的关键词
position( )	表示节点的序号
last( )	最后一个节点
and/or	and表示与，or表示或
not( )	表示否定

XPath函数通常和谓语一起配合使用，谓语是用来查找某个特定的节点或者包含某个指定的值的节点的。谓语对元素的位置、属性及内容做出限制，使用时被嵌在"[ ]"中。

例如，"//td/a[text( )="人才培养"]"表示选取含有文本内容为"人才培养"的a元素，"//td/a[contains（text( )，"人才培养"）]"表示选取含有文本内容为"人才培养"的a元素。需要注意的是，contains( )函数和text( )的区别是contains( )用于模糊匹配，text( )用于精确匹配，如"//td/a[contains（text( )，"培养"）]"，这个路径仍然可以定位到含有文本内容为"人才培养"的a元素，但"//td/a[text( )="培养"]"这个路径就不可以；"//*[@id="channel-all"]/div/ul/li[position( )=1]"表示选取ul下的第一个li元素；"//a[not（@href）]"表示不含有href属性的a元素。

（四）XPath在八爪鱼采集器中的应用

用户在使用八爪鱼采集器的过程中，八爪鱼采集器会自动识别元素的XPath并完成配置，但在个别情况下，由于定位不准确，也需要用户对XPath进行修改。在八爪鱼采集器建立的规则中，除了"打开网页"步骤没有XPath，其他步骤都涉及XPath定位，而只要我们掌握了XPath数据定位，这个问题便很容易解决。

在翻页操作部分介绍的"通过数字进行翻页"中就涉及了修改XPtah，接下来具体介绍如何查看与修改的XPath。

（1）创建循环翻页。单击页码框中的任意一个数字（如2），在弹出的对话框中选择"循环单击单个链接"选项，从而创建循环翻页的规则，如图6-57所示。

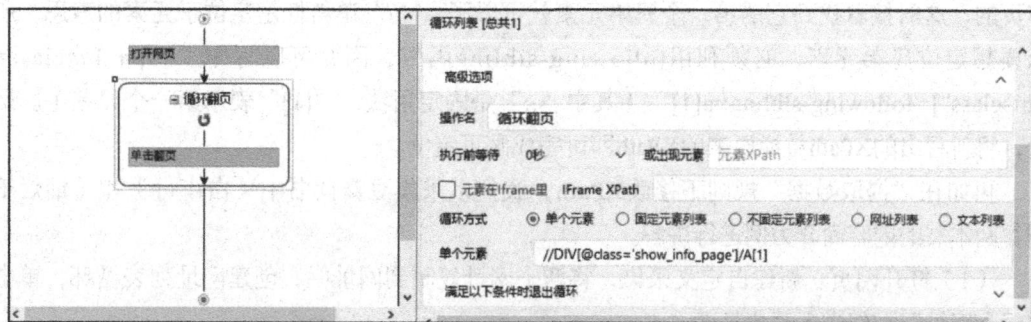

图6-57 创建循环翻页

这里自动生成的单个元素XPath："//DIV[@class='show_info_page']/A[1]"，就是定位到

"2"数字按钮的。而我们想让采集器完成的翻页操作是在第一页的时候单击"2"，在第二页的时候单击"3"，所以这里的XPath只能定位到"2"是不符合要求的，需要找到一个符合采集目的的XPath定位。

（2）找规律。打开Google浏览器，查看页码框中的HTML。图6-58所示为第二页页码框的HTML，图6-59所示为第三页页码框的HTML，我们发现，当网页在哪一页时，哪一页的HTML中就含有span标签。

```
▼<div class="show_info_page">
  <a href="https://████.cngold.org/news/index.html">1</a>
  <span class="thisclass">2</span> == $0
  <a href="https://████.cngold.org/news/list_2547_3.html">3</a>
  <a href="https://████.cngold.org/news/list_2547_4.html">4</a>
  <a href="https://████.cngold.org/news/list_2547_5.html">5</a>
  <a href="https://████.cngold.org/news/list_2547_6.html">6</a>
  <a href="https://████.cngold.org/news/list_2547_7.html">7</a>
  <a href="https://████.cngold.org/news/list_2547_8.html">8</a>
```

图6-58 在第二页时页码框的HTML

```
▼<div class="show_info_page">
  <a href="https://████.cngold.org/news/index.html">1</a>
  <a href="https://████.cngold.org/news/list_2547_2.html">2</a>
  <span class="thisclass">3</span> == $0
  <a href="https://████.cngold.org/news/list_2547_4.html">4</a>
  <a href="https://████.cngold.org/news/list_2547_5.html">5</a>
  <a href="https://████.cngold.org/news/list_2547_6.html">6</a>
  <a href="https://████.cngold.org/news/list_2547_7.html">7</a>
  <a href="https://████.cngold.org/news/list_2547_8.html">8</a>
  <a href="https://████.cngold.org/news/list_2547_9.html">9</a>
```

图6-59 在第三页时页码框的HTML

（3）找出通用XPath，即根据规律写出一条能够满足要求的XPath。

首先，我们根据span标签找到这个比较有规律的HTML，采用相对引用"//span"；但是这样的span标签太多了，此时可以用属性定位来缩小范围，写作"//span[@class="thisclass"]；我们希望在哪一页时，翻页的时候就单击它的下一页。刚刚写的XPath是定位到当前页的，这时接着找到它的第一个兄弟元素就可以了。"/"单斜杠是定位子元素的意思，所以要想定位兄弟元素，必须利用following-sibling函数，因此可以写作"//span[@class="thisclass"] /following-sibling::a[1]"（其中"::"是固定用法，"[1]"表示第一个兄弟）。最后，将新写出的XPath替换原来的XPath即可完成翻页定位。

再如在"提取数据"规则下修改XPath，我们以采集豆瓣读书中《白夜行》和《灿烂千阳》两本书的内容简介为例进行讲解。

（1）打开网页。新建自定义采集，将两个网址复制到网址栏，创建网址列表循环，单击"保存网址"按钮进入采集页面。

（2）采集字段。分别采集书名和内容简介两个字段，回到流程中，可以看到我们创建的规则和已经采集的两个字段，如图6-60所示。

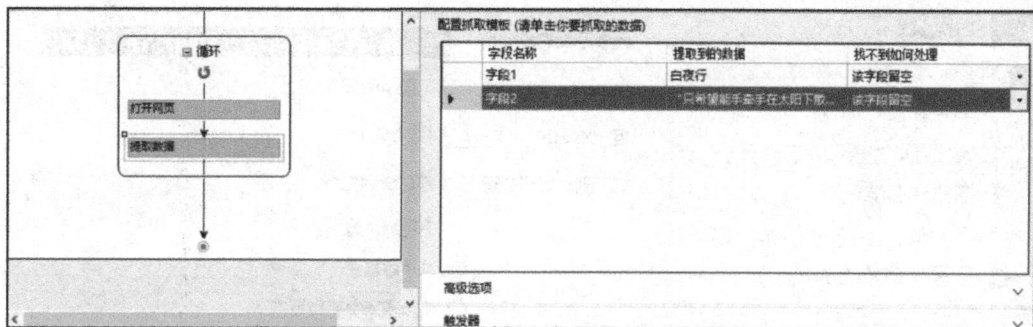

图6-60　采集字段

（3）手动排错。我们可以通过手动单击规则中的每一步操作，查看字段能否正常采集，如图6-61所示。选择"循环"→循环列表中的第二个网址→"打开网页"→"提取数据"选项，即可切换到第二个网址所采集的字段页面。

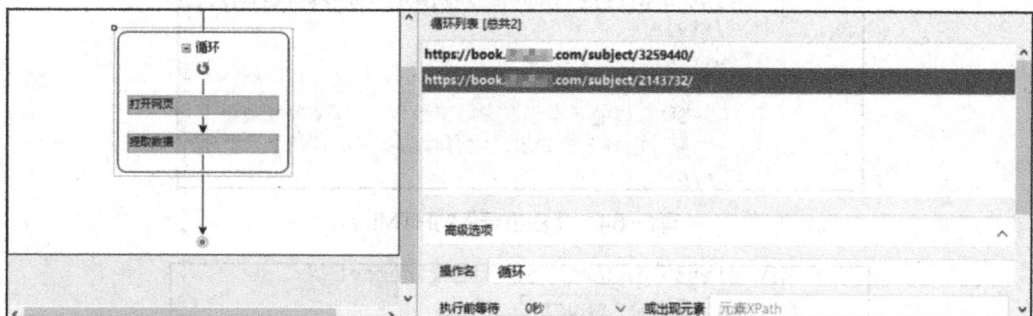

图6-61　手动排错

当我们打开第二个网址所采集的字段时发现，《灿烂千阳》的内容简介并没有正常采集，如图6-62所示，这时我们可以修改字段2自动生成的XPath。

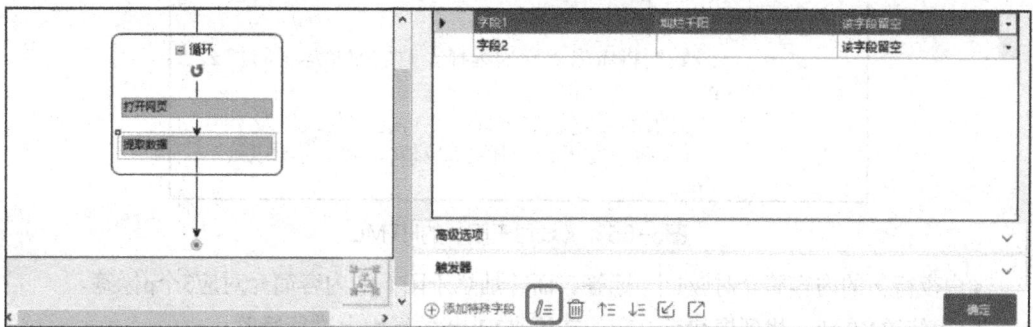

图6-62　第二个网址字段2不能正常采集

（4）复制XPath。单击 按钮，在弹出的对话框中单击"自定义定位元素方式"选项，将"元素匹配的XPath"复制，如图6-63所示，XPath为"//DIV[@id='link-report']/DIV[1]/DIV[1]/P[1]"。

（5）找规律。在Google浏览器中分别打开这两个网址，查看内容简介的HTML，分别如图6-64和图6-65所示。可以看出，它们都具有含有属性"id="link-report""的div标签以及含有属性"class="intro""的div标签，只有中间的标签不一样，一个为div，另一个为span。

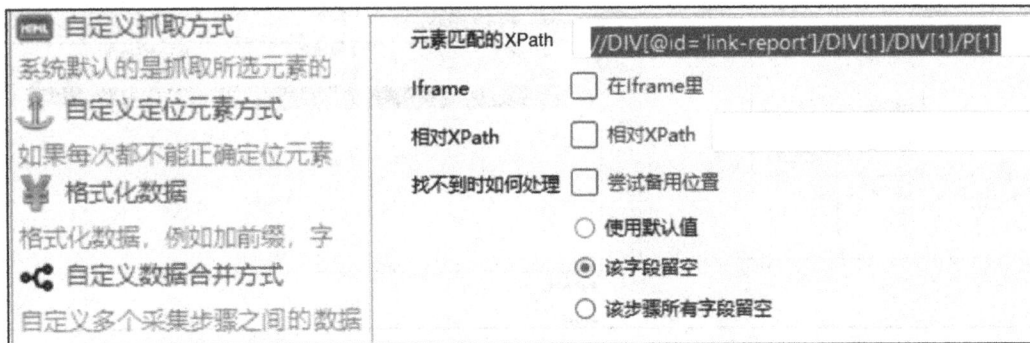

图6-63　复制XPath

图6-64　《白夜行》的HTML

图6-65　《灿烂千阳》的HTML

《白夜行》的内容简介对应1个p标签，而《灿烂千阳》的内容简介对应3个p标签。

（6）修改XPath。找到规律后，我们在原来XPath的基础上进行修改。

① 通过相对路径定位到p标签的父："//DIV[@id='link-report']//DIV['class=intro']"。

② 再定位到p标签："//DIV[@id='link-report']//DIV['class=intro']/p"。

③ 将新写出的XPath替换原来的XPath即可完成数据提取。

七、图片采集和导出

在网页采集中，我们可能还会遇到图片的采集，如评论中的图片、新闻中的图片等，八爪鱼采集器可以采集所需图片的链接，并可利用下载工具将其批量下载到指定位置存储。下面介绍两种不同场景中的图片采集方法。

（一）百度网站图片采集

在百度网站图片中搜索我们需要采集的图片关键词，观察网页发现，百度网站图片是没有翻页按钮的，它的页面加载是瀑布流形式的。当把滚动条拖动到页面底端时，图片会自动加载且无限制加载。在八爪鱼采集器中，具体采集方法如下。

（1）采集字段。选中第一张图片，在弹出的对话框中选择"选中全部"→"采集图片地址"选项。

（2）设置页面滚动。回到流程中，选择"打开网页"选项，在"滚动页面"栏中选中"页面加载完成后向下滚动"复选框，选择"滚动方式"为"直接滚动到底部"，并根据自己的要求设置滚动次数，如图6-66所示。

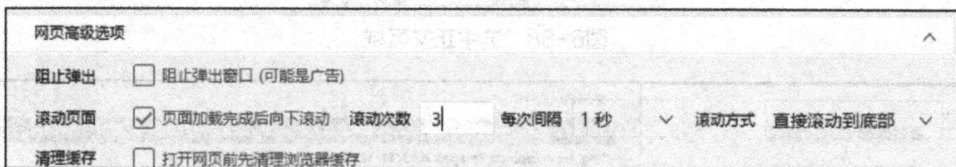

图6-66 设置页面滚动

（3）修改XPath。手动排错的过程中我们发现，无论滚动多少次，页面也只能采集到20条数据，这是因为XPath数据定位有问题，如图6-67所示，我们将自动生成的XPath复制到Google浏览器中查看，并修改为"//body/div[2]/div[2]/div[4]/div[1]/ul[1]/li"，单击"确定"按钮。

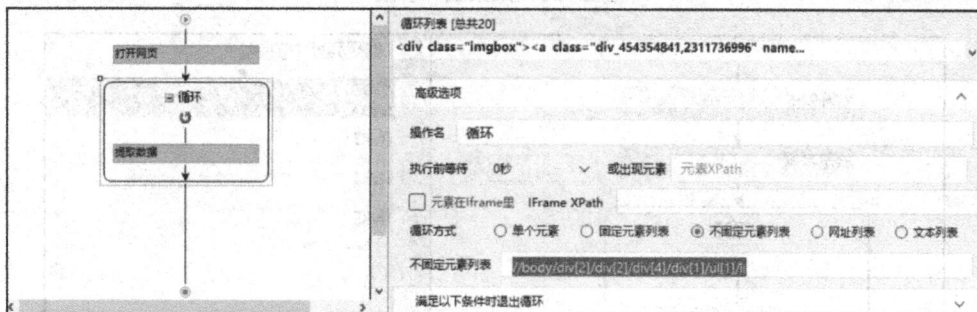

图6-67 修改XPath

（4）采集数据。单击"开始采集"按钮，在弹出的对话框中选择"启动本地采集"选项即可开始采集数据。

（二）新闻图片采集

我们以安徽商贸职业技术学院新闻为例进行讲解。

（1）采集文本字段。在八爪鱼采集器中打开网址后，首先采集标题、时间等字段。接着用鼠标选中整个正文区域，如图6-68所示。最后在弹出的对话框中选择"采集该元素文本"选项。

（2）采集图片字段。选中所有的图片，在弹出的对话框中选择"采集图片地址"选项。在流程中我们发现采集图片字段的循环列表不仅包括我们选的图片，还包括文字，如图6-69所示，这时我们可以修改一下自动生成的XPath。

（3）修改XPath。通过在Google浏览器中查看发现，在原有的XPath后加上"/img"就可以只定位到图片了，修改后循环列表的结果如图6-70所示。

图6-68　选中正文区域

图6-69　采集图片字段

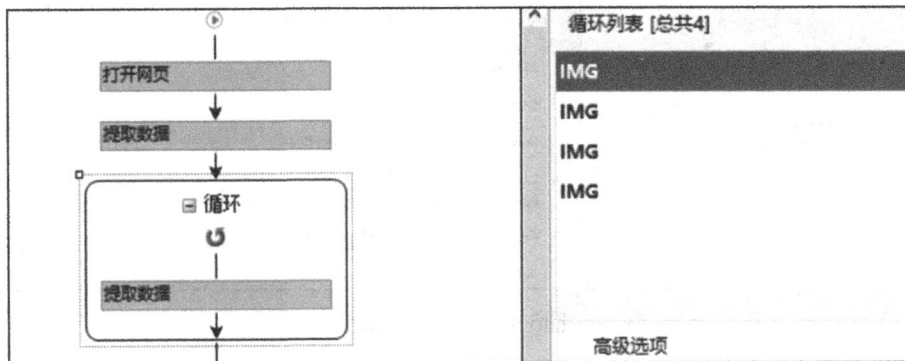

图6-70　修改XPath

（4）修改字段信息。单击循环框里的"提取数据"选项，选择"自定义定位元素方式"选项，选中"相对XPath"复选框，并将后面的内容删除；接着选择"自定义数据合并方式"选项，选中"同一字段多次提取合并为一行，即追加到同一字段。例如正文分页合并。"单选项，如图6-71所示。

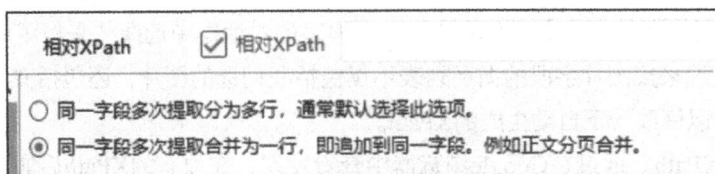

图6-71　修改字段信息

（5）采集数据。单击"开始采集"按钮，在弹出的对话框中选择"启动本地采集"选项即可开始采集数据。

（三）图片批量下载

附件中提供了一个"图片下载工具"安装包，批量下载图片的具体步骤如下。

（1）打开安装包，双击文件中的"MyDownloader.app.exe"文件，打开软件。

（2）打开"FILE"菜单，选择"从Excel文件导入"选项，弹出一个新的对话框，按图6-72所示输入内容。

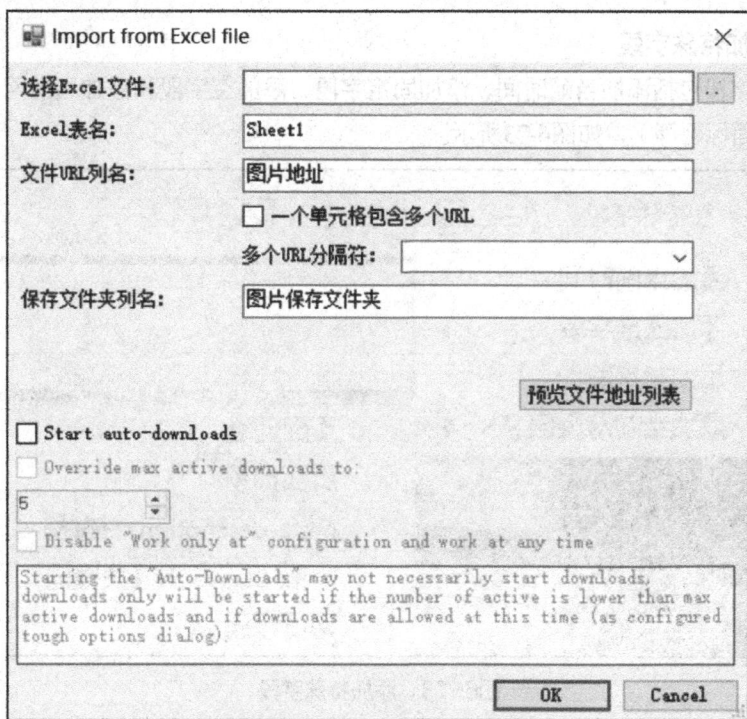

图6-72　图片批量下载

① 选择Excel文件：即导入你需要下载图片地址的Excel文件。

② Excel表名：对应数据表的名称。

③ 文件URL列名：数据表内对应URL（图片链接）那一列的名称。

④ 保存文件夹名：Excel中需要单独一个列，列出图片想要保存到文件夹的路径，可以将不同的图片存放至不同的文件夹。

注意：如果要把文件保存到文件夹，则路径需要以"\"结尾，例如，"D:\同步\"；如果要下载后按照指定的文件名保存，则需要包含具体的文件名，例如，"D:\同步\1.jpg"。

（3）设置完成后，单击"OK"按钮即可导入文件。

在打开Excel时如果出现错误提示"未在本地计算机上注册Microsoft.Ace.OleDb.12.0提供的程序"，这时我们需要安装程序附带的一个文件。如果计算机是32位，则需要安装程序附带的一个文件"AccessDatabaseEngine.exe"，安装完后重启计算机即可。

如果计算机是64位，则需要安装程序附带的一个文件"AccessDatabaseEngine_X64"，安装完后重启计算机即可。

八、提取数据

提取数据即采集字段，就是将当前网页中需要的数据提取出来。我们可以通过单击想要采集的文字、图片等信息，在弹出的对话框中选择"采集该元素文本"或"采集该图片地址"选项等完成添加采集字段信息。

在"提取数据"模块下也提供了很多详细设置，包括添加特殊字段、自定义数据字段、删除数据字段、字段位置移动、将配置的规则导入/导出、高级选项和触发器。接下来介绍各个设置的作用与使用方法。

（一）添加特殊字段

添加特殊字段包括添加当前时间、添加固定字段、添加空字段和添加当前网页信息（包括页面网址、页面标题等），如图6-73所示。

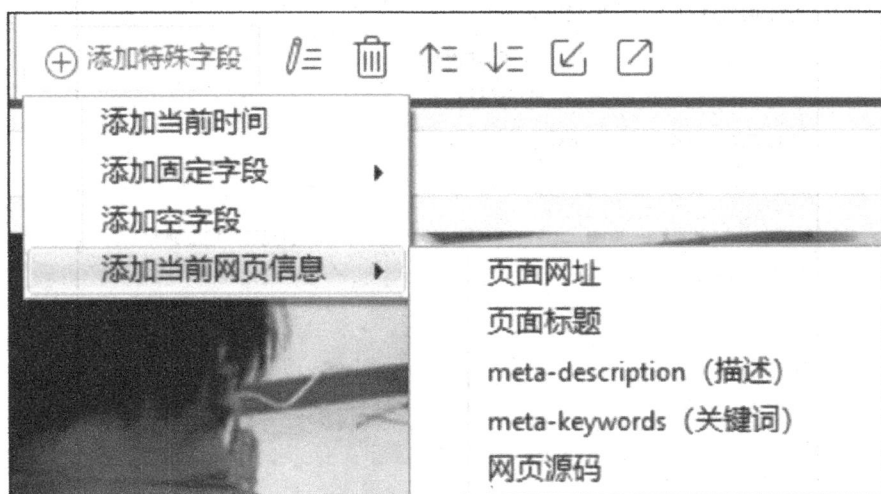

图6-73　添加特殊字段

（二）自定义数据字段

自定义数据字段包括自定义抓取方式、自定义定位元素方式、格式化数据和自定义数据合并方式，如图6-74所示。

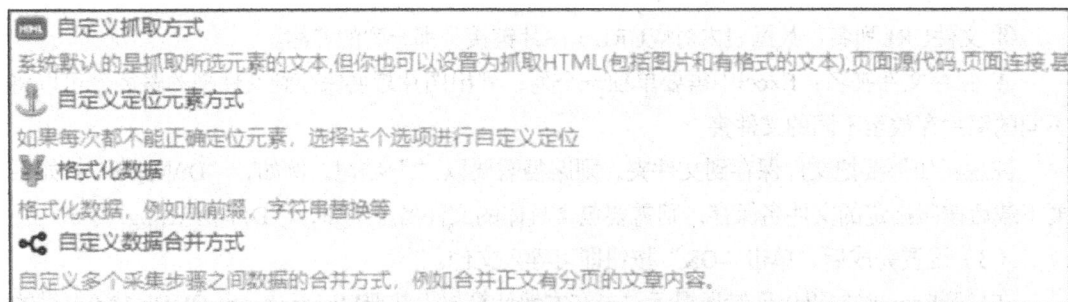

图6-74　自定义数据字段

单击"格式化数据"选项，单击"添加步骤"按钮，会弹出一个对话框，对数据的格式化操作包括替换、正则表达式替换、正则表达式匹配、去除空格、添加前缀、添加后缀、日期时间格式化和HTML转码，如图6-75所示。

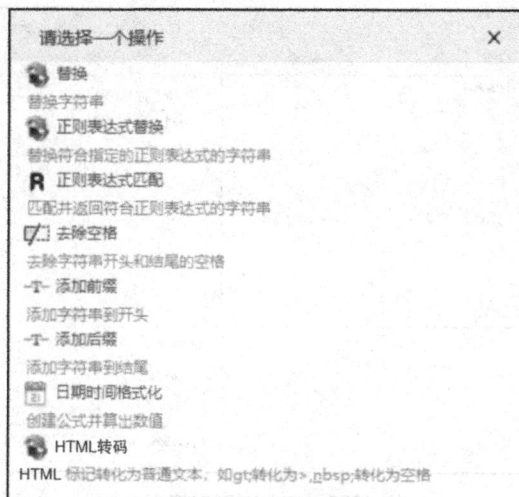

图6-75 格式化数据

这里我们主要介绍正则表达式的使用。

正则表达式替换指的是将正则表达式匹配到的字段用新的字段替换掉；正则表达式匹配指的是用正则表达式匹配我们需要的字段，没有匹配到的字段则全部删除。

（1）例如，我们想将采集字段中的"03月12日"替换成"三月十二日"，这时可以单击"正则表达式替换"选项，打开"请设置参数"对话框，如图6-76所示。

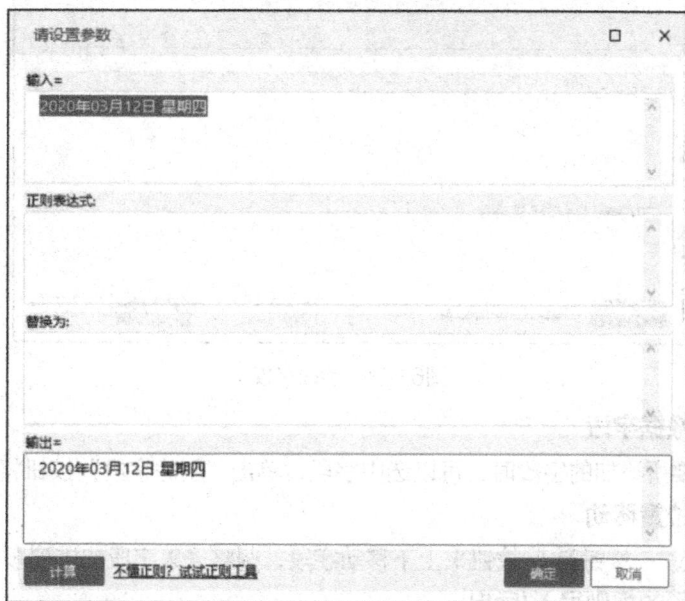

图6-76 正则表达式替换

（2）这里单击"不懂正则？试试正则工具"超链接，在弹出的对话框中根据要替换的字段，在右侧的"开始""结束"框中输入内容，如图6-77所示。输入完成后单击"生成"→"匹配"→"应用"按钮。

（3）回到之前的对话框后，在"替换为"文本框中输入需要替换的内容，如图6-78所示，单击"计算"→"确定"按钮，则可完成正则表达式的字段替换。

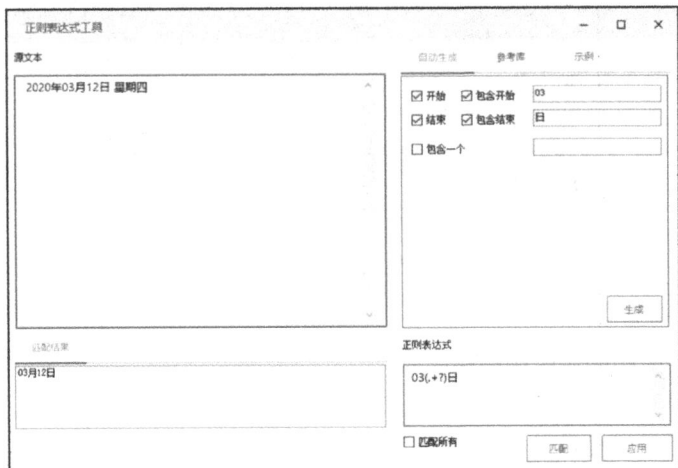

图6-77　正则工具

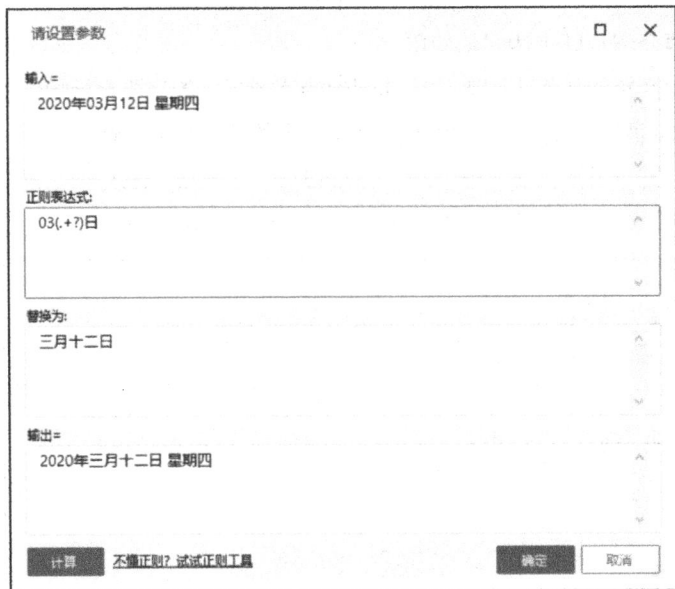

图6-78　字段替换

（三）删除数据字段

当我们不需要所添加的字段时，可以选中字段，单击"删除字段"按钮将字段删除。

（四）字段位置移动

我们可以通过↑≡按钮和↓≡按钮来上下移动字段，调整采集字段的排列顺序。

（五）将配置的规则导入/导出

我们可以通过 按钮和 按钮，将配置的规则导出为一个文件，或者在现有规则中导入一个规则。

（六）高级选项

在高级选项下还有操作名、使用循环和执行前等待等功能。

（七）触发器

触发器的功能就是对提取的字段进行条件设置，将不满足条件的字段删除。例如，在采集某商品评论数时，用户只想采集评论数大于2000条的商品信息。我们可以选择"评论数"字段→"新增触发器"并设置触发器条件，如图6-79所示，将评论数小于2000条的数据丢弃。

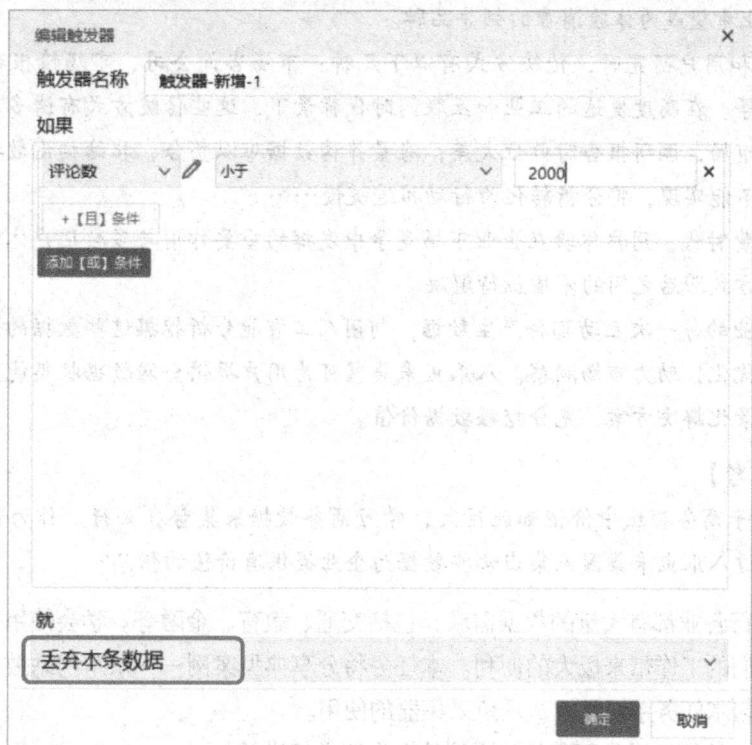

图6-79 触发器

九、云采集

云采集是指通过使用八爪鱼采集器提供的服务器集群进行工作，该集群处于全天候的工作状态，随时都可以进行数据的采集抓取。

云采集是旗舰版以上用户才能使用的功能，只要用户在客户端将任务设置为云采集，任务会自动提交给云服务执行，然后用户就可以关闭软件和计算机进行脱机采集，真正实现无人值守。除此之外，云采集通过服务器集群的分布式部署方式，多节点同时进行作业，可以提高采集效率，并且可以高效避开各种网站的IP封锁策略。

任务三 采集商务网站数据

【典型工作任务】

八爪鱼采集器CEO刘宝强在《智能家居发展论坛暨南都评测智能门锁榜单》发布会会上发表了《人工智能助力市场洞察——智能门锁企业和产品竞争力研究报告》主题演讲，剖析智能门锁行业的现状与未来，揭示用户体验在企业市场竞争中发挥的重要作用，强调大数据与人工智能技术对用户体验优化的应用价值。

当今是消费升级的时代，更是体验消费的时代。尼尔森"全球广告信任度"调查报告显示，70%的全球用户信任其他用户的在线评论；市场调研公司 Forrester Research 的数据显示，82%的全球企业希望成为体验消费的领导品牌。

进行市场和用户研究时，传统方式有以下几种：市场咨询公司、市场情报部门、调查问卷、用户访谈等。在高度发达的工业和互联网时代背景下，这些传统方式有诸多不足：抽样数据不代表真实市场，调研报告时效性太差，海量异构数据难以整合，非结构化数据无法分析，实时动态监控不能实现，将分析转化为行动推进缓慢……

在体验消费时代，用户体验在企业市场竞争中发挥的重要作用与多数用户体验并不满意、用户体验研究方式滞后之间的矛盾亟待解决。

用户与企业的每一次互动都会产生数据，利用人工智能分析挖掘这些数据的价值，有益于驱动用户体验优化，助力市场洞察。八爪鱼采集器可为用户提供全网数据收集能力、数据整合分析能力和场景化解决方案，充分挖掘数据价值。

【任务思考】

数据在电子商务领域中价值如此巨大，学习商务数据采集势在必行。作为传统的电商平台，其可以通过八爪鱼采集器采集出哪些数据为企业提供有价值的信息？

目前，各行各业都有大量的数据需求，包括交通、教育、金融等。学会使用采集器采集数据，将会给我们的工作带来极大的便利。本任务将分享典型案例——京东网站数据采集，希望读者能通过学习本任务系统掌握八爪鱼采集器的使用。

以采集京东计算机类目下商品的详情信息为例进行讲解。

（1）打开网页。新建自定义采集任务，将网页链接复制到网址栏，单击"保存网址"按钮。

（2）循环翻页。找到"下一页"按钮，单击"下一页"按钮，在弹出的对话框中选择"循环单击下一页"选项，创建翻页循环。

（3）设置滚动页面。通过在浏览器中观察网页我们发现，当向下拖动滚动条时，会有新的页面加载出来，大概向下滚动10次左右，这一页页面才会全部加载完成，因此我们需要在打开网页的步骤里设置滚动页面。单击"打开网页"按钮，选中"滚动页面"栏中的"页面加载完成后向下滚动"复选框，设置滚动次数为"10"、每次间隔为"0.5秒"、滚动方式为"向下滚动一屏"，单击"确定"按钮，如图6-80所示。同样单击"单击翻页"按钮进行同样的设置（因为翻到第二页后仍然需要页面向下滚动完成加载）。

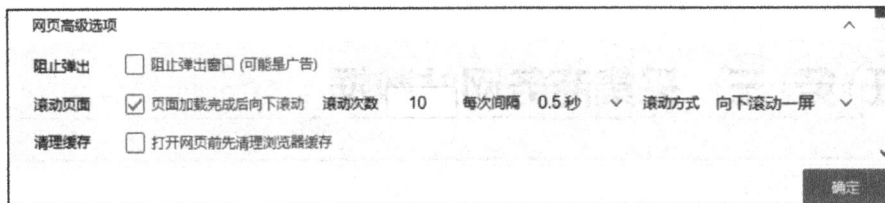

图6-80　设置滚动页面

（4）字段列表采集。单击第一个列表下的商品价格，这时采集器会自动定位到所有列表下的价格字段，然后在弹出的对话框中选择"选中全部"→"采集以下元素文本"选项。再分别单击商品标题、评论数、店铺名称、自营等字段进行采集。（注意：采集这些字段时，在弹出的对话框中直接选择"采集该元素文本"选项，不需要选择"选中全部"选项，因为选择"选中全部"选项的目的是创建循环采集，而采集第一个字段时循环就已经创建了，后面的字段直接采集就可以了。）

（5）修改字段信息。在采集"自营"字段时，对于未包含"自营"字段的商品，采集器会默认采集列表中与"自营"二字处于同一个位置的其他字段信息，如图6-81所示，此时采集器会采集第一个商品的"放心购"，我们需要通过修改XPath对该字段采集内容进行修改。

图6-81　修改字段信息

单击该字段，选择"自定义数据字段"→"自定义定位元素方式"选项，在"相对XPath"栏中修改"/DIV[1]/DIV[6]/I[1]"为"/DIV[1]/DIV[6]/I[contains（text，"自营"）]"，如图6-82所示。（注意：将相对XPath和循环列表中的不固定元素XPath结合使用才能采集到我们需要的字段。）

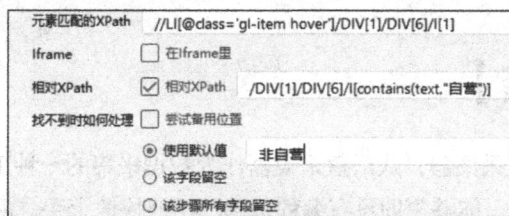

图6-82　修改相对XPath

（6）采集详情页字段。再次选择商品标题，在弹出的对话框中选择"单击该元素"选项，进入详情页。选择商品编号所在的整个区域（由于不同网页商品编号的位置可能不同，所以不能通过直接单击采集），在弹出的对话框中选择"采集该元素的Inner HTML"选项，如图6-83所示。

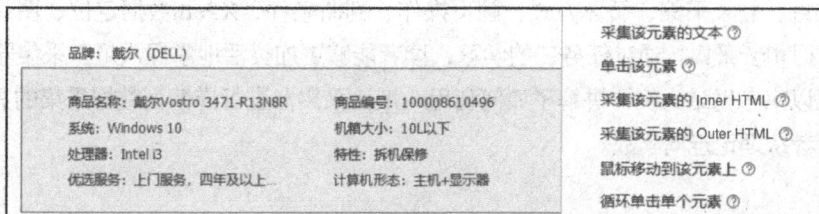

图6-83　采集详情页字段

选中该字段，选择"自定义数据字段"→"格式化数据"→"添加步骤"→"正则表达式匹配"→"不懂正则？试试正则工具"选项，根据需要采集的字段信息设置正则表达式，选择"生成"→"匹配"→"应用"选项，完成该字段信息设置，如图6-84所示。

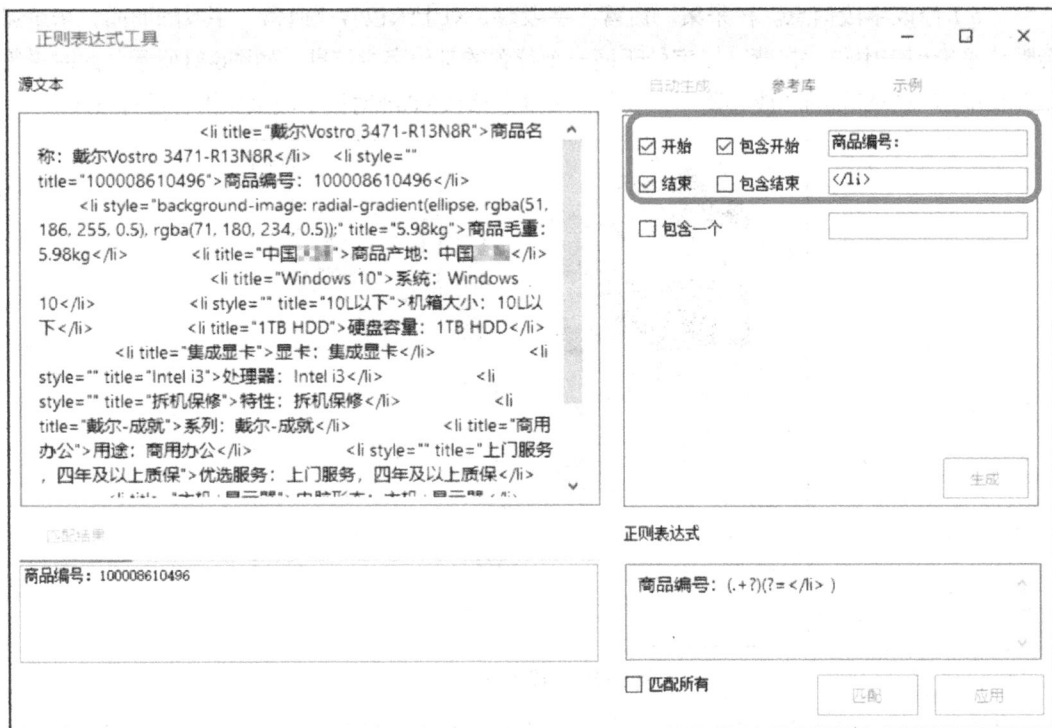

图6-84　设置正则表达式

（7）单击"开始采集"→"启动本地采集"按钮，即可开始采集数据。

📈 【项目小结】

项目六介绍了八爪鱼采集器，八爪鱼采集器作为数据采集的一种工具，具有操作简单、应用广泛、功能强大等特点，能够帮助没有编程基础的用户快速上手，解决数据采集难题。

任务一带领读者认识八爪鱼采集器，介绍了八爪鱼采集器的安装方法和使用界面，详细讲解了八爪鱼采集器的三种采集模式及使用方法，包括简易模式采集、向导模式采集和自定义模式采集。

任务二带领读者认识了在八爪鱼采集器采集数据的过程中需要用到的各个特殊功能模块，包括智能防封、登录采集、循环方式、翻页操作、判断条件、XPath数据定位、图片采集和导出、提取数据和云采集。通过任务二的学习，读者能够更加灵活地掌握八爪鱼采集器。

任务三以京东网站为例，讲解了如何利用八爪鱼采集器进行详情页数据采集的具体操作方法，帮助读者从理论走向实战。

项目七

数据处理

职业能力目标

数据处理的目的是保证数据的质量，而数据质量是数据分析结论有效性和准确性的基础。通过项目七的学习，读者能认识数据处理在数据分析中的意义，掌握数据清洗与数据加工的方法，能根据不同的数据需求，从大量的原始数据中提取有价值的数据信息，为数据分析工作提供保障。

任务一 数据清洗

【典型工作任务】

刚刚入职的小高担任某电商企业的董事长助理一职，他在应聘时被告知主要负责文秘工作，有时候也需要做一些数据整理的工作。小高上班的第一天就接到了一个工作任务，他需要协助市场部完成一份《用户满意度调查问卷》的数据分析工作。第一次从理论走向实战让小高有点苦恼。拿到数据该怎么办？要怎么处理？要做怎样的分析呢？要提炼出哪些信息？领导需要看到的是哪些信息？

【任务思考】

你能帮他解决这些问题吗？

随着信息时代的发展，大数据在各行各业的应用不断深入，政府和企业从海量的数据中挖掘所需的数据信息。只有确保数据的可靠性、准确性和及时性，才有助于政府和企业做出合理的决策，因此保证大数据背景下的数据质量具有重要的意义。

数据清洗是指对数据进行重新审查和校验的过程，目的在于删除重复信息，纠正存在的错误，并保证数据一致性。

顾名思义，数据清洗就是把"脏、乱"的数据"洗掉"，是发现并纠正数据文件中可识别的错误的最后一道程序，包括重复数据清洗、缺失数据清洗、异常数据清洗、逻辑错误数据清洗、数据格式清洗等。数据仓库中的数据是面向某一主题的数据的集合，这些数据从多个业务系统中抽取而来，而且包含历史数据，这样就免不了有的数据是错误数据、数据之间有冲突，这些错误的或有冲突的数据显然是我们不想要的，称为"脏数据"。我们要按照一定的规则把"脏数据""洗掉"，这就是数据清洗。

接下来介绍数据清洗的具体内容。

一、重复数据清洗

重复数据通常是指数据值完全相同的多条记录。如果重复数据过多，必然会影响到分析的结果，因此我们需要保留能显示特征的唯一数据记录，将其他重复数据删除即可。

下面介绍几种处理重复数据的方法。

（一）函数法

在函数法中，我们通常使用的是COUNTIF函数，COUNTIF函数的使用方法为：COUNTIF(range,criterial)，其中，range表示要计数的单元格范围；criterial表示计数的条件。

具体清洗过程如下。

（1）在给出的案例中，会存在一些录入重复的问卷，我们可以通过编号进行重复数据的筛选。为了方便操作，先在编号后新建两个空白列，分别命名为重复标记和第二次重复标记，如图7-1所示。

	A	B	C	D	E	F
1	编号	重复标记	第二次重复标记	Q1	Q2	Q3_1
2	A1001			1	1	1
3	A1002			1	2	1
4	A1003			1	3	1
5	A1004			1	2	1
6	A1005			1	2	1
7	A1005			1	2	1
8	A1005			1	2	1
9	A1006			1	2	1
10	A1007			1	3	1
11	A1008			1	3	1

图7-1 新建两个空白列

（2）在B2单元格中输入公式：=COUNTIF(A:A,A2)，双击B2单元格右下角的填充柄复制公式，表示计算A列每个编号出现的次数。

（3）在C2单元格输入公式：=COUNTIF(A\$2:A2,A2)，双击C2单元格右下角的填充柄复制公式，表示判断重复项是第几个重复项。

其中，A\$2: Ai表示范围从A列的第2行到第i行。

两次函数计算结果如图7-2所示。可以看出，编号A1005重复了3次，其中C6是第一次重复，C7是第二次重复，C8是第三次重复。

（4）筛选出C列中等于1的数即可找出数据中所有非重复值。

	A	B	C
1	编号	重复标记	第二次重复标记
2	A1001	1	1
3	A1002	1	1
4	A1003	1	1
5	A1004	1	1
6	A1005	3	1
7	A1005	3	2
8	A1005	3	3
9	A1006	1	1
10	A1007	1	1
11	A1008	1	1
12	A1009	2	1
13	A1009	2	2

图7-2 两次函数计算结果

（二）高级筛选法

高级筛选法的具体操作步骤如下。

（1）选中数据单元格。

（2）在"数据"选项卡的"排序和筛选"组中，单击"高级"按钮，弹出"高级筛选"对话框。

（3）选中"将筛选结果复制到其他位置"单选项，在"复制到"文本框中输入区域，可以将筛选结果复制到任意空白区域；选中"选择不重复的记录"复选框，单击"确定"按钮。不重复的数据即可筛选到指定区域，如图7-3所示。

（三）条件格式法

条件格式法的具体操作步骤如下。

（1）选中编号列。

（2）选择"开始"→"条件格式"→"突出显

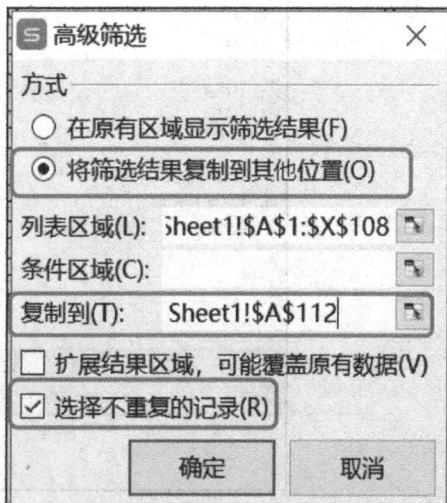

图7-3 将筛选结果复制到其他位置

示单元格规则"→"重复值"命令，在弹出的对话框中单击"确定"按钮即可，如图7-4（a）所示，筛选结果如图7-4（b）所示。

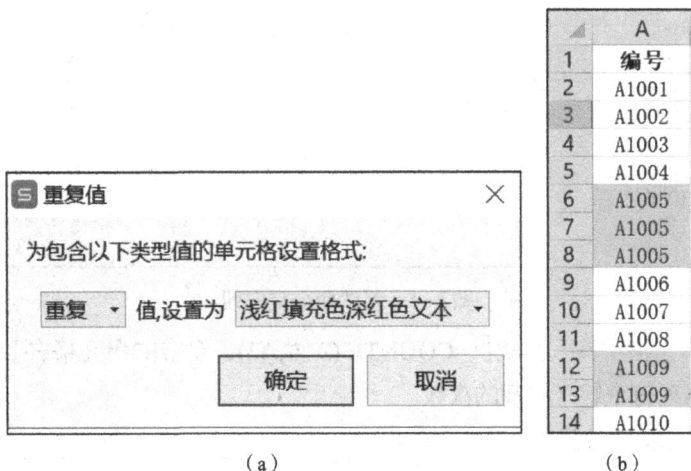

（a）　　　　　　（b）

图7-4　条件格式法

（四）数据透视表法

数据透视表也可以计算数据重复的次数，比COUNTIF函数更为方便，通过拖动相应字段即可，具体操作步骤如下。

（1）单击"插入"选项卡的"表格"组中的"数据透视表"按钮，选择放置数据表的位置为"新工作表"，就会弹出一个"Sheet2"表。

（2）将"编号"字段拖入"行"标签，再将"编号"字段拖入"值"汇总区域，如图7-5所示。

（3）通过显示的结果，可以看出每个数据出现的次数，如图7-6所示。

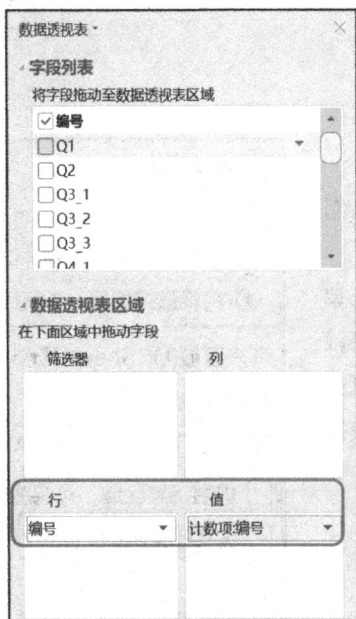

图7-5　新建数据透视表

图7-6　结果显示

二、缺失数据清洗

缺失数据是指原始数据中存在的空缺或无效的数据。缺失数据产生的原因主要分为机械原因和人为原因。机械原因是指机械问题导致的数据收集或保存失败造成的数据缺失，如数据存储的失败、存储器损坏等；人为原因是指人的主观失误、历史局限或有意隐瞒造成的数据缺失，例如，在市场调查中被调查者拒绝透露相关问题的答案，或者被调查者回答的问题是无效的，数据录入人员失误漏录了数据等。

单击"开始"菜单中的"查找和选择"按钮，在弹出的对话框中选择定位条件为"空值"，单击"确定"按钮，则所有的空值都会被选中，操作方法如图7-7所示（或按"Ctrl+G"组合键也会直接弹出"定位条件"对话框）。

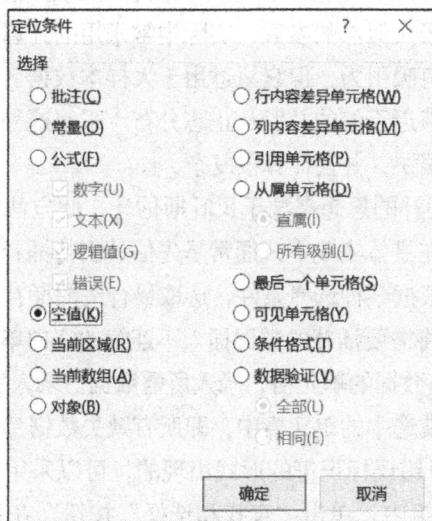

图7-7 "定位条件"对话框

对于缺失数据的处理，从总体上来说分为删除个案、删除缺失值和缺失数据插补。下面详细介绍处理方法。

（一）删除个案

删除个案就是将有缺失数据的个案都删除，不让其参与数据分析。这种方法一般适用于样本量很大、缺失数据个案的比例不太大，而且有缺失数据的个案和无缺失数据的个案在分布上无显著差异的情况，否则会使分析结果产生严重偏差。

（二）删除缺失值

这种方法是指不删除有缺失数据的所有个案，仅在分析时删除相应变量的缺失数据，即变量完整的个案才参与计算，变量有缺失的个案不参与计算。这样，在分析中，参加不同计算的样本数可能不同。此种方法适用于样本量不大、缺失数据较少并且变量间不存在高度相关的情况。

（三）缺失数据插补

缺失数据插补指的是利用其他数据替代缺失值或估算缺失值的方法。在数据挖掘中，通常面对大型的数据库，它的属性有几十个甚至几百个，因为一个属性值的缺失而放弃大量的其他属性值，这种删除是对信息的极大浪费，所以产生了以可能值对缺失值进行插补的思想与方法。常用的有以下几种方法。

（1）均值插补。数据的属性分为定距型和非定距型。如果缺失数据是定距型的，就以该属性存在值的平均值来插补缺失的数据；如果缺失数据是非定距型的，就根据统计学中的众数原理，用该属性的众数来补齐缺失的数据。

（2）同类均值插补。此方法和均值插补的方法都属于单值插补，不同的是，同类均值插补用层次聚类模型预测缺失变量的类型，再以该类型的均值插补。假设 $X=(X_1, X_2, \cdots, X_p)$ 为信息完全的变量，Y 为存在缺失值的变量，那么首先对 X 或其子集行聚类，然后按缺失个案所属类来插补不同类的均值。此方法的缺点是：如果在以后统计分析中还需以引入的解释变量和 Y 做分析，那么这种插补方法将在模型中引入自相关，会给分析造成障碍。

（3）极大似然估计。在缺失类型为随机缺失的条件下，假设模型对于完整的样本是正确的，那么通过观测数据的边际分布可以对未知参数进行极大似然估计。这种方法也称为忽略缺失值的极大似然估计，对于极大似然的参数，实际中常采用的计算方法是期望值最大化。该方法比删除个案和单值插补更有吸引力，但它只适用于大样本数据。有效样本的数量应足够多，才能保证极大似然估计值是渐近无偏的并服从正态分布。采用这种方法的缺点是可能会陷入局部极值，其收敛速度也不是很快，并且计算很复杂。

（4）多重插补。多重插补的思想来源于贝叶斯估计，此方法认为待插补的值是随机的，它的值是自已观测到的值。在具体实践中，通常是先估计出待插补的值，然后再加上不同的噪声，形成多组可选插补值。根据某种选择条件，选取最合适的插补值。

当选择好插补方法后，将需要插补的数据插入不连续的空白单元格中的方法如下。

（1）选中所有含有缺失数据的单元格，录入所需数据。录入完成后，按住"Ctrl+Enter"组合键，则数据会录入所有被选中的单元格中，即所有缺失数据都会被填补。

（2）如果缺失数据是以错误标识符的形式出现的，可以采用"查找和替换"的方法。在"开始"选项卡的"编辑"组中，单击"查找和选择"按钮，在弹出的下拉列表中选择"替换"选项，打开"查找和替换"对话框，在"查找内容"文本框中输入"#DIV/0!"，在"替换为"文本框中输入需要替换的数据，单击"全部替换"按钮即可完成缺失数据插补。

三、异常数据清洗

在大规模数据中，与大部分数值相比有较大差别的数据称为异常数据。异常数据的存在对抽样估计误差有很大的影响，因此在数据的整理过程中，需要对异常数据进行识别诊断和处理。

对异常数据进行处理前，需要先辨别出哪些数据是真正的数据异常。从数据异常的状态来看，异常数据分为两种：一种是"伪异常"，这种异常是由业务特定的运营动作产生的，其实是正常的业务状态的反映，而不是数据本身的异常规律；另一种是"真异常"，这种异常并不是由特定的业务动作引起的，而是客观反映了数据本身分布的异常。

对于异常数据的处理方法如下。

（1）删除异常值。如果可以明显看出数据是异常的且数量较少，可以直接删除。

（2）不处理。如果算法对异常值不敏感，则可以不处理；但如果算法对异常值敏感，则最好不要用，如基于距离计算的一些算法，包括 K-Means、KNN 等。

（3）平均值替代。采用这种方法损失的信息小，简单高效。

（4）视为缺失值。可以按照处理缺失值的方法来处理异常数据。

（5）降低异常值的权重。将异常值单独分组赋予很小的抽样权重可以有效降低抽样的误差，但主观降低权重也可能导致低估总体参数。

四、逻辑错误数据清洗

逻辑错误指的是数据之间存在某种内在的联系，但从目前的数据来看却存在不合理性，主要包括两类逻辑错误。

第一类错误为被调查者输入的选项不符合要求，例如，在多项选择题中，被调查者输入的选项个数超过了题目要求；第二类错误为调查者录入错误，例如，在进行二分法的多选题录入时，出现了0和1以外的数据。

处理逻辑错误的方法如下。

（一）对于第一类错误，可以使用COUNTIF函数完成检验

（1）在单元格后插入一列"检验"列。

（2）在I2单元格内输入公式：=COUNTIF(B2:H2,"< >0")，双击I2单元格右下角的填充柄复制公式，即可以统计出每个被调查者对于本题的选项数。

（3）选中检验列，选择"条件格式"下拉列表中的"突出显示单元格规则"→"大于"选项，在弹出的对话框中输入"3"，即可对所有大于3的单元格进行突出显示，如图7-8和图7-9所示。

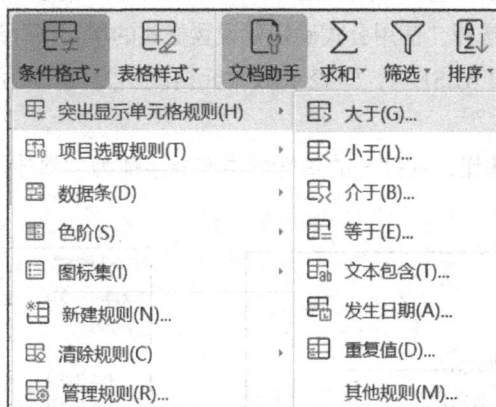

图7-8　设置条件格式

编号	Q1_1	Q1_2	Q1_3	Q1_4	Q1_5	Q1_6	Q1_7	检验
1	0	1	1	0	0	1	0	3
2	1	1	0	1	0	0	1	4
3	1	0	1	0	3	0	0	3
4	1	9	1	0	0	0	0	3
5	1	0	1	1	0	0	1	4

图7-9　结果显示

（二）对于第一类错误，也可以通过IF条件函数标记出错误的记录

IF函数的使用方法如下。

IF(logical_test, value_if_true, value_if_false)

其中，logical_test表示逻辑条件表达式；value_if_true表示条件为真时返回的值；value_if_false表示条件为假时返回的值。

（1）在J2单元格中输入公式：=IF(COUNTIF(B2:H2,"< >0") >3, "错误", "正确")，表示如果满足"在B2:H2区域下不等于0的个数大于3"的条件，则录入"错误"，否则录入"正确"。双击J2单元格右下角的填充柄复制公式。

（2）突出显示"错误"记录，结果如图7-10所示。

A	B	C	D	E	F	G	H	I	J
编号	Q1_1	Q1_2	Q1_3	Q1_4	Q1_5	Q1_6	Q1_7	检验	检验2
1	0	1	1	0	0	1	0	3	正确
2	1	1	0	1	0	0	1	4	错误
3	1	0	1	0	3	0	0	3	正确
4	1	9	1	0	0	0	0	3	正确
5	1	0	1	1	0	0	1	4	错误

图7-10　突出显示"错误"记录

（三）对于第二类错误，可以使用OR函数完成检验

OR函数的使用方法如下。

OR(logical1, [logical2], …)

其中，logical表示要检验的条件，至少有一个条件为真就会返回TRUE。

（1）选中B2:H5区域，选择"条件格式"→"突出显示单元格规则"下的"其他规则"选项，在弹出的对话框中选择"使用公式确定要设置格式的单元格"选项，在编辑规则说明中输入"=OR(B2=0,B2=1)=FALSE"，即表示B2单元格既不为1也不为0的时候单元格会被标记出来，如图7-11所示。

（2）单击"格式"按钮，在打开的对话框中选择字体为"斜体"、颜色为"红色"，结果如图7-12所示。

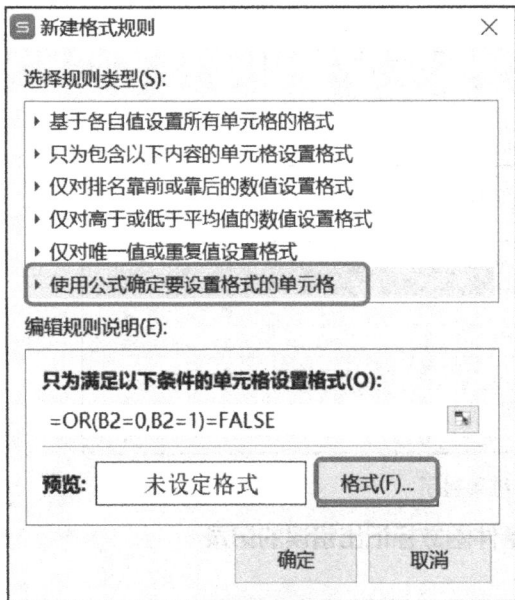

图7-11　新建格式规则

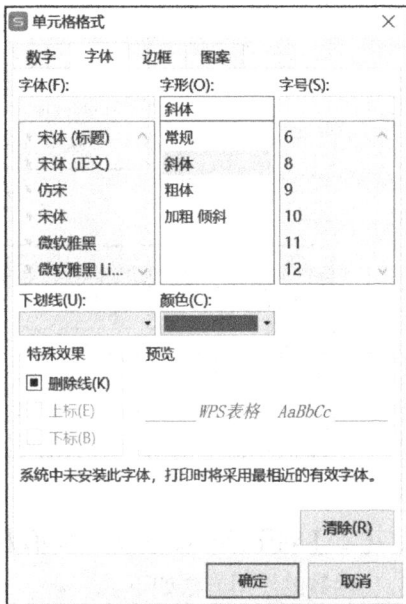

图7-12　设置格式规则

（3）单击"确定"按钮后即可显示结果，如图7-13所示。

编号	Q1_1	Q1_2	Q1_3	Q1_4	Q1_5	Q1_6	Q1_7
A	B	C	D	E	F	G	H
1	0	1	1	0	0	1	0
2	1	1	0	1	0	0	1
3	1	0	1	0	3	0	0
4	1	9	1	0	0	0	0
5	1	0	1	0	0	0	1

图7-13　结果显示

五、数据格式清洗

一般情况下，数据是由用户/访客产生的，就有很大可能存在格式不一致的情况，所以在进行处理之前需要先进行数据格式的清洗。

数据格式问题主要有以下几类。

（1）时间、日期、数值、半全角等显示格式不一致。直接将数据转换为同一类格式即可，该问题一般出现在多个数据源整合的情况下。

（2）内容中有不该存在的字符。例如，身高字段下有些变量带单位，有些没有，这时去除不需要的字符即可。

（3）数据格式不满足要求。不同的计算方式对数据格式要求不同，可根据分析要求进行格式调整。

不同问题的操作方法有所不同，具体方法如下。

（1）对于单元格格式不一致的问题，如图7-14所示，在"店铺好评率"列中，有些变量以百分比形式表示，有些变量以小数表示，我们可以通过"设置单元格格式"将其调整为统一格式。

	A	B
1	店铺名称	店铺好评率
2	荣耀京东自营旗舰店	97.3%
3	小米京东自营旗舰店	54.8%
4	Apple产品京东	0.38
5	华为京东自营官方旗舰店	84.6%
6	小米京东店	68.5%
7	Apple产品全球购	0.96
8	Apple产品京东	82.7%
9	vivo京东自营官方旗舰店	0.39

图7-14　单元格格式不一致

具体操作步骤如下。

①选中B列，用鼠标右键单击，选择"设置单元格格式"命令。

②在弹出的对话框中，选择"数字"选项卡下的"百分比"分类，保留小数点为一位小数，如图7-15所示。

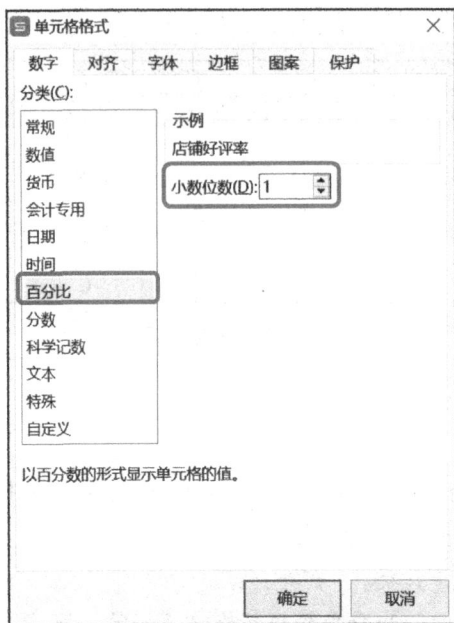

图7-15 设置单元格格式

③ 单击"确定"按钮，即可将B列所有变量统一设置成百分比的格式，结果如图7-16所示。

	A	B
1	**店铺名称**	**店铺好评率**
2	荣耀京东自营旗舰店	97.3%
3	小米京东自营旗舰店	54.8%
4	Apple产品京东	38.4%
5	华为京东自营官方旗舰店	84.6%
6	小米京东店	68.5%
7	Apple产品全球购	95.6%
8	Apple产品京东	82.7%
9	vivo京东自营官方旗舰店	38.8%

图7-16 结果显示

（2）对于日期格式不一致的问题，如图7-17所示，我们可以通过两种方法调整。

	A	B
1	**店铺名称**	**成交日期**
2	荣耀京东自营旗舰店	2013/3/9
3	小米京东自营旗舰店	2014.5.8
4	Apple产品京东	2015/10/23
5	华为京东自营官方旗舰店	2015.11.11
6	小米京东店	2016/6/12
7	Apple产品全球购	2015/10/28
8	Apple产品京东	2015/7/31
9	vivo京东自营官方旗舰店	2017.2.18

图7-17 日期格式不一致

一种方法是通过"设置单元格格式"将其调整为"日期"格式；另一种方法是通过"分列"选项完成，这种方法的操作步骤如下。

① 选中B列。

② 单击"数据"选项卡下"数据工具"组中的"分列"按钮。

③ 在弹出的对话框中，直接单击"下一步"按钮默认前两步操作，在第三步操作中，选择列数据类型为"日期"，根据日期格式设置日期为"YMD"，单击"完成"按钮，如图7-18所示。

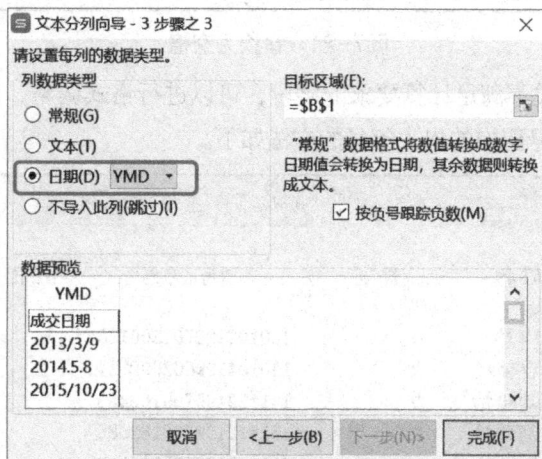

图7-18　设置日期格式

④ 结果如图7-19所示。

（3）对于字段变量中含有不该出现的字符时，如图7-20所示，可以通过"替换"操作将"cm"和"kg"替换掉。

图7-19　结果显示

图7-20　出现不该出现的字符

具体操作步骤如下。

① 选中C列。

② 选择"查找和选择"下拉列表中的"替换"选项，在弹出的对话框中的"查找内容"文本框中输入"cm"，在"替换为"文本框中输入"空格键"（即代表空白内容），单击"全部替换"按钮，即可完成，如图7-21所示。

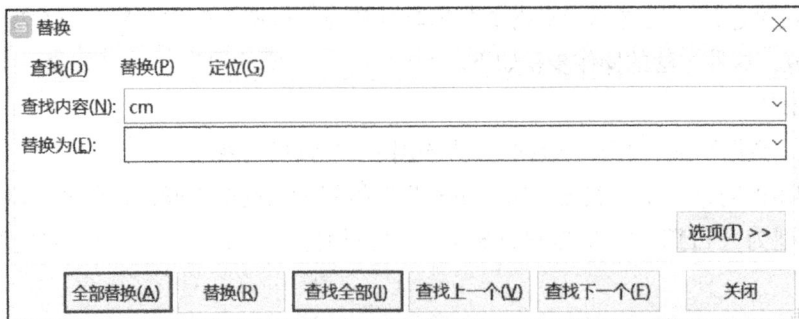

图7-21 替换为空格

（4）对于数据格式不满足计算要求的字段，可以进行格式调整，图7-22所示为学生的身份证信息，提取身份证号码中的出生年月的方法如下。

	A	B	C	D
1	姓名	性别	身份证号码	出生年月
2	周慧	女	120102199701306123	
3	赵倩	女	130104199602082817	
4	刘梓怡	女	141123199709166436	
5	刘玲玲	女	151512199709182585	
6	赵亚敏	女	211112199605113116	
7	卫滢	男	221202199608065380	
8	赵凤	女	230104199612127579	

图7-22 提取出生年月

可以使用MID函数，MID函数的使用方法如下。

在单元格中输入"=MID(text, start_num, num_chars)"。

其中，text表示需要提取的字符串；start_num表示从字符串指定的位置开始；num_chars表示提取的字符串长度。

在D2单元格中输入公式"=MID(C2,7,8)"，双击D2单元格右下角的填充柄复制公式，即可完成对身份证号码中出生年月的提取，如图7-23所示。

	A	B	C	D
1	姓名	性别	身份证号码	出生年月
2	周慧	女	120102199701306123	19970130
3	赵倩	女	130104199602082817	19960208
4	刘梓怡	女	141123199709166436	19970916
5	刘玲玲	女	151512199709182585	19970918
6	赵亚敏	女	211112199605113116	19960511
7	卫滢	男	221202199608065380	19960806
8	赵凤	女	230104199612127579	19961212

图7-23 显示结果

常见的数据提取函数还有LEFT( )、RIGHT( )、YEAR( )、MONTH( )、DAY( )、WEEKDAY( )等。

任务 二 数据加工

【典型工作任务】

一些数据分析公司拿到用户数据进行进一步探索时，总会发现导入平台的数据质量存在一定的问题。例如，一些用于数据分析的关联字段的值为空、一些本应该有主从关系的数据对应不上、数据分类混乱等。这些问题直接影响到对业务数据的分析及其价值挖掘。因此，我们需要对业务数据进行质量评估。如果评估的结果太差，对做数据分析没有太多价值，那么我们的工作方向可能就需要转变为帮助用户制订整改数据质量的计划和方案。

数据问题可能产生于从数据源头到数据存储介质的各个环节。在数据采集阶段，数据的真实性、准确性、完整性、时效性都会影响数据质量。除此之外，数据的加工、存储过程也有可能涉及原始数据的修改，从而引发数据的质量问题。所以，技术、流程、管理等多方面的因素都有可能影响到数据质量。

在企业中，随着企业业务的增长，数据也有一个增量积累的过程。随着数据类型、数据来源的不断丰富以及数据数量的快速增长，企业在数据管理工作和数据流程中面临越来越多的数据质量问题。

【任务思考】

如何衡量数据的质量？怎么做才能提高数据的质量？

数据加工是指对数据进行抽取、转换、计算等操作，使经过加工后的数据成为简洁、规范、清晰的样本数据。

一般情况下，当数据经过清洗之后仍然不能满足用户的分析需求时，就需要利用数据加工对数据进行进一步的处理，形成分析所需要的一系列新的字段。数据加工环节直接影响数据质量的价值性、可用性和准确性。因此在进行数据加工时，要根据数据特点合理选择数据加工方法，以实现数据质量的最优化。

下面详细介绍数据加工的具体内容。

一、数据抽取

数据抽取就是对数据库中现有字段进行整合加工，从而得到分析所需要的数据。一般来说，数据抽取工作包括字段拆分、字段合并和字段匹配。

（一）字段拆分

字段拆分就是为了截取某一字段中的部分信息，将该字段拆分成两个或多个字段。

例如，根据某公司实习员工的信息表，将员工的出生年月日字段拆分成年、月、日三个字段，具体操作步骤如下。

（1）选中需要拆分的D列，单击"数据"选项卡的"数据工具"组中的"分列"按钮，在弹出的对话框中选中"分隔符号"单选项（因为从数据中可以看出，年月日之间是用"/"分隔开的），如图7-24所示。

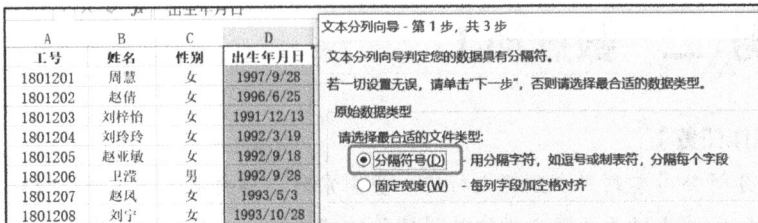

图7-24 "文本分列向导"第1步

（2）单击"下一步"按钮，在弹出的对话框中选择分隔符号，如果没有需要的分隔符号，在"其他"文本框中输入本次分隔的符号，如图7-25所示。在"数据预览"区域中可以预览被拆分后的字段。

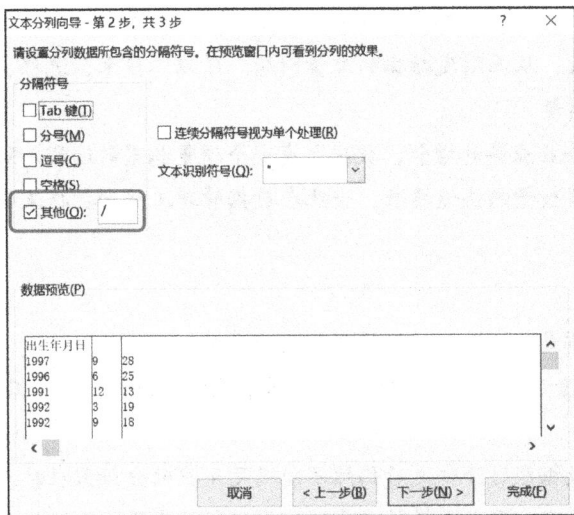

图7-25 "文本分列向导"第2步

（3）单击"下一步"按钮，在弹出的对话框中对"目标区域"进行设置，选择将数据拆分到哪一列，如图7-26所示。

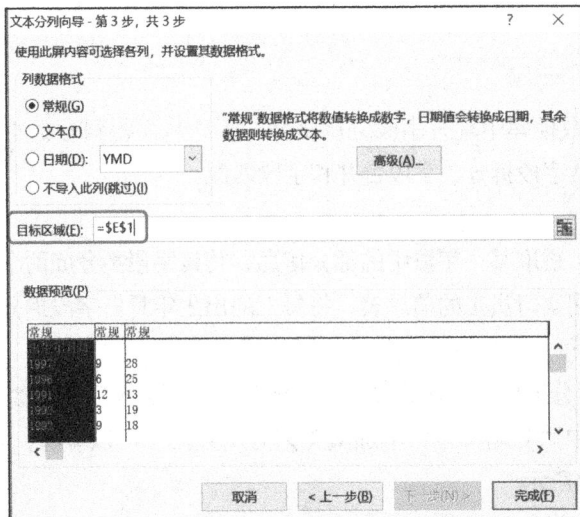

图7-26 "文本分列向导"第3步

（4）单击"完成"按钮，即可在数据表中看到分列后的数据，如图7-27所示。

	A	B	C	D	E	F	G
	工号	姓名	性别	出生年月日	年	月	日
	1801201	周慧	女	1997/9/28	1997	9	28
	1801202	赵倩	女	1996/6/25	1996	6	25
	1801203	刘梓怡	女	1991/12/13	1991	12	13
	1801204	刘玲玲	女	1992/3/19	1992	3	19
	1801205	赵亚敏	女	1992/9/18	1992	9	18
	1801206	卫滢	男	1992/9/28	1992	9	28

图7-27 结果显示

（二）字段合并

字段合并是将若干字段合并成一个新的字段，或者将字段值与文字、数字等组合形成新的字段。字段合并可以利用CONCATENATE函数或者"&"（逻辑与）运算符。

这里我们将图7-27中的工号和姓名字段合并，合并成"××的工号是××"，如"周慧的工号是1801201"，具体操作方法有两种。

（1）利用"&"运算符。在姓名列后面插入一列，在C2单元格中输入公式"=B2&"的工号是"&A2"，如图7-28所示。双击C2单元格右下角的填充柄复制公式，即可完成工号和姓名字段的合并。

	A	B	C
1	工号	姓名	
2	1801201	周慧	=B2&"的工号是"&A2
3	1801202	赵倩	

图7-28 "&"运算符

（2）利用CONCATENATE函数。在C2单元格中输入公式"=CONCATENATE(B2,"的工号是"，A2)"，如图7-29所示，双击C2单元格右下角的填充柄复制公式，即可完成工号和姓名字段的合并。

	A	B	C
1	工号	姓名	
2	1801201	周慧	=CONCATENATE(B2,"的工号是"，A2)

图7-29 CONCATENATE函数

（三）字段匹配

字段匹配就是从具有相同字段的关联数据表中获取所需的数据，一般来说，字段匹配要求原数据表与关联数据表至少存在一个关联字段，根据关联字段可批量查询匹配对应的数据。

字段匹配我们需要用到的函数是VLOOKUP函数，具体的公式为"=VLOOKUP(lookup_value,table_array,col_index_num,range_lookup)"。

其中，lookup_value为要查找的值；table_array为要查找的区域；col_index_num为返回数据在查找区域的第几列数；range_lookup为精确匹配/近似匹配。

现在有"基本信息"和"考核得分"两张数据表，我们想在"基本信息"表中添加员工"考核得分"表中的字段，如图7-30所示。但是两张表中的关联字段"姓名"排列并不一致，这时我们可以利用VLOOKUP函数完成字段匹配。

	A	B	C	D	E		A	B
1	工号	姓名	性别	出生年月日	考核得分	1	姓名	考核得分
2	1801201	周慧	女	1997/9/28		2	吕冉	78
3	1801202	赵倩	女	1996/6/25		3	陈品	75
4	1801203	刘梓怡	女	1991/12/13		4	陈露	83
5	1801204	刘玲玲	女	1992/3/19		5	范强	75
6	1801205	赵亚敏	女	1992/9/18		6	方敏	82
7	1801206	卫滢	男	1992/9/28		7	方天傲	68
8	1801207	赵凤	女	1993/5/3		8	付安	82
9	1801208	刘宁	女	1993/10/28		9	傅明珠	82

图7-30 "基本信息"和"考核得分"数据表

我们在单元格E2中输入公式"=VLOOKUP(B2,考核得分!A:B,2,1)",如图7-31所示,双击E2单元格右下角的填充柄复制公式,即可完成字段匹配。

	A	B	C	D	E	F
1	工号	姓名	性别	出生年月日	考核得分	
2	1801201	周慧	女	1997/9/28	=VLOOKUP(B2,考核得分!A:B,2,1)	
3	1801202	赵倩	女	1996/6/25		

图7-31 VLOOKP函数

二、数据转换

由于不同来源的数据可能存在不同的结构,数据转换主要是指将数据转换成规范、清晰、易于分析的结构。数据转换包括数据行列转换、数据类型转换、数据排序和数据分组。

(一)数据行列转换

在进行数据报表分析时,常常要从不同的维度观察数据。例如,从时间的维度查看汇总数据,从地区的维度观察汇总数据,这样需要对行列数据进行转换(又称转置)。

例如,我们想将图7-32所示的数据行列转换成图7-33所示的数据行列形式,可以将原数据复制,然后利用"选择性粘贴"对话框中的"转置"选项完成这个操作。

统计日期	2019/9/1	2019/9/2	2019/9/3	2019/9/4	2019/9/5	2019/9/6	2019/9/7
PC 端访客数	3	11	24	26	18	26	12
无线端访客数	889	966	820	922	918	977	866
新访客数	892	883	762	828	838	872	776

图7-32 原始数据表

统计日期	PC端访客数	无线端访客数	新访客数
2019/9/1	3	889	892
2019/9/2	11	966	883
2019/9/3	24	820	762
2019/9/4	26	922	828
2019/9/5	18	918	838
2019/9/6	26	977	872
2019/9/7	12	866	776

图7-33 转换后的数据表

（二）数据类型转换

1. 数值转字符

在Excel中输入数据的时候，会默认使用数值型数据；若是数字太长，会变成用科学记数法表示的数，不利于查看数据，如图7-34所示。我们可以利用 "数据" 选项卡中的 "分列" 功能进行转换。

	A	B	C	D	E
1	工号	姓名	性别	出生年月日	电话号码
2	1801201	周慧	女	1997/9/28	1.52E+10
3	1801202	赵倩	女	1996/6/25	1.52E+10
4	1801203	刘梓怡	女	1991/12/13	1.9E+10
5	1801204	刘玲玲	女	1992/3/19	1.9E+10
6	1801205	赵亚敏	女	1992/9/18	1.52E+10
7	1801206	卫滢	男	1992/9/28	1.89E+10
8	1801207	赵凤	女	1993/5/3	1.4E+10

图7-34 默认数值型数据

（1）选择要转换的数字所在的单元格，随后单击 "分列" 按钮，在 "文本分列向导" 对话框中，使用默认设置，连续单击 "下一步" 按钮，完成图7-24和图7-25所示的设置。

（2）进入 "文本分列向导" 第3步，选中 "列数据格式" 栏中的 "文本" 单选项，单击 "完成" 按钮即可完成设置，如图7-35所示。

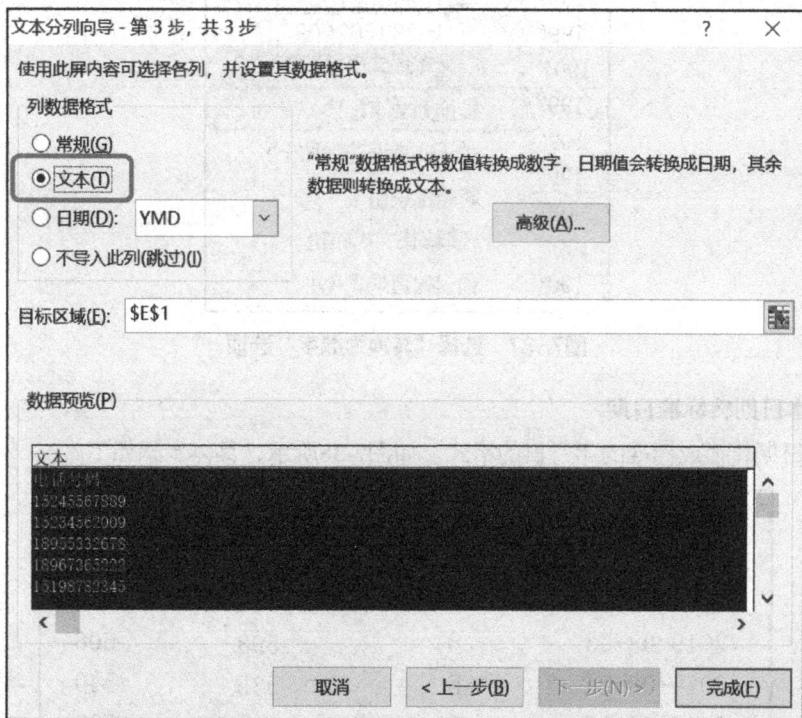

图7-35 "文本分列向导" 第3步

（3）设置完成后，返回Excel数据表，数据前有小三角符号，代表已转换成功，如图7-36所示。

工号	姓名	性别	出生年月日	电话号码
1801201	周慧	女	1997/9/28	15245567889
1801202	赵倩	女	1996/6/25	15234562009
1801203	刘梓怡	女	1991/12/13	18955332678
1801204	刘玲玲	女	1992/3/19	18967365222
1801205	赵亚敏	女	1992/9/18	15198782345
1801206	卫滢	男	1992/9/28	18876536293
1801207	赵凤	女	1993/5/3	13988365493

图7-36　结果显示

2．字符转数字

在进行数据统计时，有时获取的原始数据是以文本字符形式展现的，虽然这不影响数据展现，但无法进行计算。我们可以通过以下两种方法完成转换。

（1）参考数值转文本字符的方法，但在"文本分列向导"第3步选择"列数据格式"时，选中"常规"单选项，单击"完成"按钮，即可完成转换。

（2）直接选中要转换的数据列，单击数据列前出现的提醒符号，在给出的选项中选择"转换为数字"选项，即可将文本字符转换为数值，如图7-37所示。

图7-37　选择"转换为数字"选项

3．文本日期转标准日期

将文本日期转换成标准的年月日的格式，如图7-38所示，具体步骤如下。

统计日期	PC端访客数	移动端访客数	访客数
2019-08-01	12	582	593
2019-08-02	4	615	619
2019-08-03	8	598	606
2019-08-04	5	535	540
2019-08-05	9	528	537
2019-08-06	8	595	603
2019-08-07	5	566	571

图7-38　文本日期

（1）在Excel中打开数据列表，选中文本格式的日期信息，随后单击"数据"选项卡的"分列"按钮，在"文本分列向导"对话框中，使用默认设置，连续单击"下一步"按钮，完成图7-24和图7-25的设置。

（2）进入"文本分列向导"第3步后，在"列数据格式"栏中选中"日期"单选项，在其下拉列表中选择"YMD"选项，如图7-39所示。

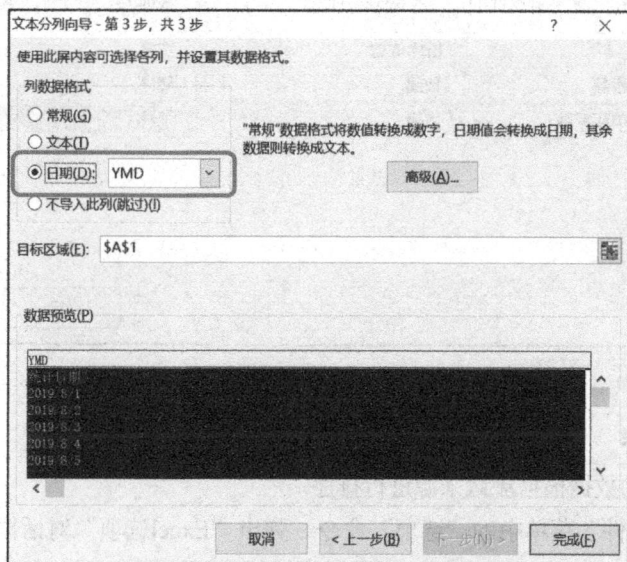

图7-39 "文本分列向导"第3步

（3）单击"完成"按钮后，即可完成标准日期的转换，如图7-40所示。

统计日期	PC端访客数	移动端访客数	访客数
2019/8/1	12	582	593
2019/8/2	4	615	619
2019/8/3	8	598	606
2019/8/4	5	535	540
2019/8/5	9	528	537
2019/8/6	8	595	603
2019/8/7	5	566	571

图7-40 结果显示

（三）数据排序

数据排序是指将数据按照方便我们处理分析的顺序进行有规则的排列，如按照分数降序排序、按照日期升序排序等。这里主要介绍排序的两个功能。

1．添加条件

将数据按照"访客数"和"下单买家数"两个字段进行排序。

（1）单击数据区域的任何位置，单击"数据"选项卡的"排序和筛选"组中的"排序"按钮。

（2）在弹出的对话框中，添加主要关键字为"访客数"，按降序排列。

（3）单击"添加条件"按钮，添加次要关键字为"下单买家数"，如图7-41所示，单击"确定"按钮，即可完成排序。

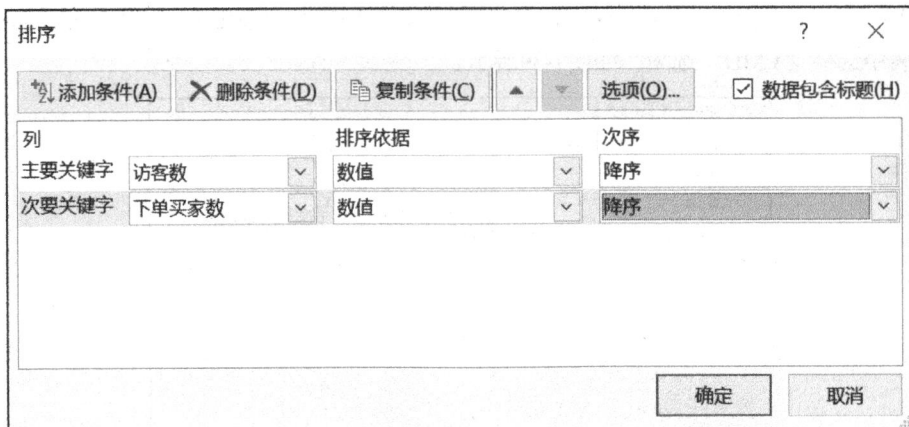

图7-41 添加排序条件

2. 自定义次序

将图7-40所示的数据根据流量来源进行排序。

（1）选择"文件"菜单中的"选项"命令，弹出"Excel选项"对话框，切换到"高级"选项卡，单击"编辑自定义列表"按钮，如图7-42所示。

图7-42 单击"编辑自定义列表"按钮

（2）在弹出的"自定义序列"对话框中输入序列（即按照我们希望该字段排列的顺序输入），单击"添加"按钮，将其添加到自定义序列中，单击"确定"按钮完成添加，如图7-43所示。

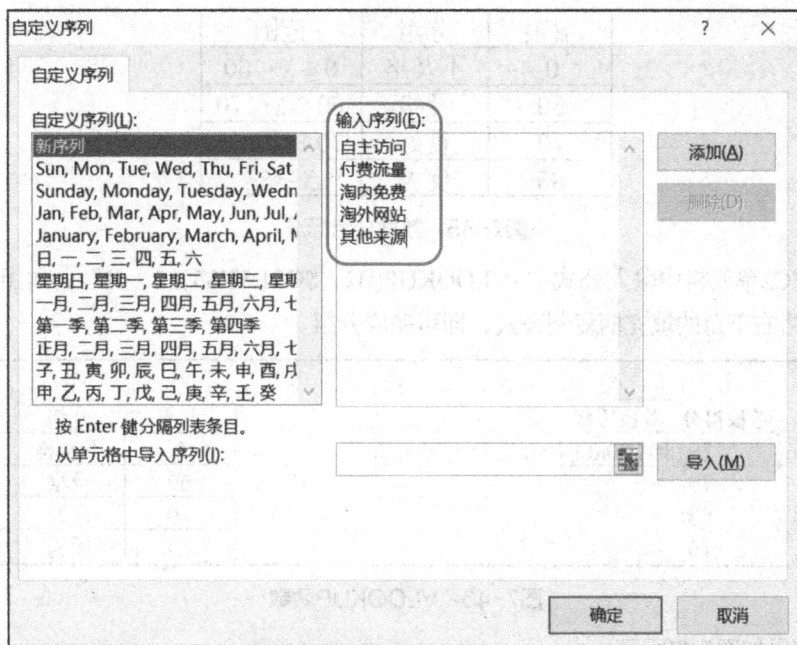

图7-43　输入序列

（3）单击数据区域的任何位置，单击"数据"选项卡中的"排序和筛选"组中的"排序"按钮，在弹出的对话框中添加主要关键字为"来源分类"，在"次序"下拉列表中选择"自定义次序"排列，然后选择上一步添加的次序，单击"确定"按钮即可完成排序，如图7-44所示。

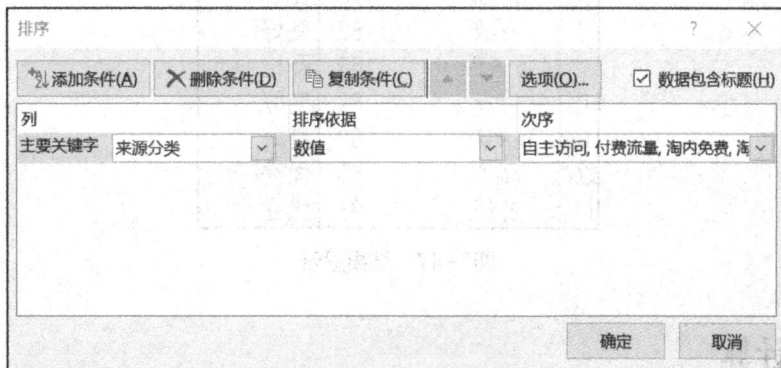

图7-44　按自定义次序排序

（四）数据分组

数据分组是指根据统计研究需要，将原始数据按照某种标准划分成不同的组别，分组后的数据称为分组数据。在Excel中我们可以通过VLOOKUP函数快速实现数据分组。VLOOKUP函数的使用在前面已经介绍过了，这里我们主要介绍利用VLOOKUP函数进行数据分组的具体操作步骤。

我们想将图7-30中员工的"考核得分"按照分组要求显示考核等级。

（1）针对数据特征以及分组目标，在数据表中的空白位置新建数据分组标准，如图7-45所示。

下限	分组	范围
0	不及格	0≤X＜60
60	及格	60≤X＜70
70	良好	70≤X＜85
85	优秀	X≥85

图7-45　数据分组标准

（2）在C2单元格中输入公式"=VLOOKUP(B2，$G$1:$H$5，2，1)"，如图7-46所示。双击C2单元格右下角的填充柄复制公式，即可完成分组。

	A	B	C	D	E	F	G	H	I
1	姓名	考核得分	考核等级				下限	分组	范围
2	昂冉	78	=VLOOKUP(B2, $G$1:$H$5, 2, 1)				0	不及格	0≤X＜60
3	陈晶	75					60	及格	60≤X＜70
4	陈露	83					70	良好	70≤X＜85
5	范强	75					85	优秀	X≥85

图7-46　VLOOKUP函数

（3）结果如图7-47所示。

	A	B	C
1	姓名	考核得分	考核等级
2	昂冉	78	良好
3	陈晶	75	良好
4	陈露	83	良好
5	范强	75	良好
6	方敏	82	良好
7	方天傲	68	及格
8	付安	82	良好
9	傅明珠	82	良好
10	高飞	85	优秀
11	郝任	98	优秀

图7-47　结果显示

三、数据计算

有时候数据库中没有我们需要的字段，这时候就可以通过数据计算获得想要的数据，满足分析需要。数据计算包括常规计算和日期时间计算。

（一）常规计算

常规计算包括对数据值进行加、减、乘、除的简单运算，以及运用函数求均值、求方差等统计分析指标的复杂运算。

（1）图7-48显示了部分商品的访客数和成交客户数，但是需要对"成交转化率"字段进行分析，这里可以通过以下步骤完成。

① 在新的一列D 1单元格中输入字段名"成交转化率"。

② 在D2单元格中输入成交转化率公式（成交客户数/访客数）"=C2/B2"，如图7-48所示。

	A	B	C	D
1	商品名称	访客数	成交客户数	成交转化率
2	~~商洽地区消费补贴~~	4058	3663	=C2/B2
3	高景观婴儿推车可坐可躺四轮宝宝伞车	14950	4252	
4	轻便折叠橡胶大轮婴儿车童车	13529	5030	
5	超轻便携单手折叠避震儿童手推车	6877	1808	
6	简易小巧单手秒收实用儿童婴儿手推车	8259	2173	
7	便携式简易折叠大口袋双向儿童推车	12960	5511	
8	儿童三轮脚踏车1~4岁轻便溜娃神器	12877	5243	
9	豪华避震新生儿伞车手推车	13379	3322	
10	轻便折叠简易溜娃神器手推车	15979	7481	
11	轻便折叠可上飞机儿童婴儿手推车	14459	4468	

图7-48　计算成交转化率

③ 双击D2单元格右下角的填充柄复制公式。

④ 选中D列，设置单元格格式为百分比并保留两位小数，即可完成字段计算。

（2）图7-49显示了某店铺牛仔裤2019年的月销量数据，现在需要通过计算求出2019年的平均销量。

通过AVERAGE函数即可完成计算。在空白单元格中输入公式"=AVERAGE(C3:C14)"，即可完成字段计算，如图7-49所示。

	A	B	C
1	某店铺牛仔裤2019年月销量统计		
2	年份	月份	销量（单位：件）
3	2019年	1月	1560
4		2月	1680
5		3月	1965
6		4月	2012
7		5月	2120
8		6月	2220
9		7月	2086
10		8月	1862
11		9月	1950
12		10月	2200
13		11月	3350
14		12月	2012
15		平均销量	=AVERAGE(C3:C14)

图7-49　AVERAGE函数

（二）日期时间计算

在企业的日常管理中，经常会涉及日期时间数据的管理分析，它也是数据库中的一类重要数据。

1．日期的加减

图7-50给出了用户首次下单时间和最近下单时间，我们想计算用户的购买间隔时长。

（1）在新的一列E1单元格中输入字段名"间隔时长"。

（2）在E2单元格中输入公式"=D2-C2"，如图7-50所示。

	A	B	C	D	E
1	客户编号	会员ID	首次下单时间	最近下单时间	间隔时长
2	QL001	HUANGWEI11	2017/3/18	2019/10/1	=D2-C2
3	QL002	Clare2022	2018/3/16	2018/11/11	
4	QL003	超人MAN	2019/11/11	2019/12/12	
5	QL004	Yehudi	2015/1/19	2017/10/1	

图7-50　计算间隔时长

（3）双击E2单元格右下角的填充柄复制公式，即可完成日期的计算。

2．日期函数

常用的日期函数中，"YEAR( )"表示计算年份，"MONTH( )"表示计算月份，"TODAY( )"表示计算当前日期，"WEEKNUM( )"表示计算日期是本年的第几周等。

图7-51显示了商品的上架日期，计算商品的上架天数的操作步骤如下。

（1）在新的一列C1单元格中输入字段名"上架天数"。

（2）在C2单元格中输入公式"=TODAY( )-B2"，如图7-51所示。

	A	B	C
1	商品名称	上架日期	上架天数
2	时尚女士手链	2019/1/1	=TODAY()-B2
3	爱心四叶草日韩手镯	2019/3/8	
4	男士紫檀木佛珠216颗开光	2019/5/12	
5	钛钢手镯手环	2019/6/1	
6	天然黑曜石	2019/12/10	

图7-51　计算上架天数

（3）双击C2单元格右下角的填充柄复制公式，即可完成上架天数的计算。

【项目小结】

数据处理用于对各种形式的数据进行加工整理，项目七从数据清洗和数据加工两个方面进行讲解。

任务一介绍了数据清洗的概念以及数据清洗的具体内容，包括重复数据清洗、缺失数据清洗、异常数据清洗、逻辑错误数据清洗和数据格式清洗。针对不同的内容，介绍了不同的处理方法。通过学习，读者能灵活运用Excel解决各类数据问题。

任务二介绍了数据加工的概念以及数据加工的具体内容，包括数据抽取、数据转换和数据计算。数据抽取包括字段拆分、字段合并和字段匹配；数据转换包括数据行列转换、数据类型转换、数据排序和数据分组；数据计算包括常规计算和日期时间计算。通过对数据的加工，将数据转化成有效的信息。

参考文献

［1］田振坤. 数据库基础与应用（Access 2010）［M］. 上海：上海交通大学出版社，2014.

［2］刘卫国. 数据库基础与应用（Access 2010）［M］. 北京：电子工业出版社，2016.

［3］教育部高等学校大学计算机课程教学指导委员会. 大学计算机基础课程教学基本要求［M］. 北京：高等教育出版社，2016.

［4］施伯乐，丁宝康，汪卫. 数据库系统教程［M］. 3版. 北京：高等教育出版社，2008.

［5］陈薇薇，巫张英. Access基础与应用教程［M］. 2010版. 北京：人民邮电出版社，2013.

［6］李湛. Access 2010数据库应用教程. 北京：清华大学出版社，2013.

［7］王珊，萨师煊. 数据库系统概论［M］. 4版. 北京：高等教育出版社，2006.

［8］张迎新，等. 数据库及其应用系统开发（Access 2003）［M］. 北京：清华大学出版社，2006.

［9］张玉洁，孟祥武. 数据库与数据处理：Access 2010实现［M］. 北京：清华大学出版社，2013.

［10］邵丽萍，等. Access数据库技术与应用［M］. 2版. 北京：清华大学出版社，2013.

［11］徐秀花，等. Access 2010数据库应用技术教程［M］. 北京：清华大学出版社，2013.